JN071213

5分でできる 学級経営に生きる 小さな道徳授業 2

鈴木健二 編著
新しい道徳授業づくり研究会 著

日本標準

はじめに

ある小学校の玄関に，次のような言葉が掲示してありました。

ていねいに　話そう　聞こう

学校全体でめざしている目標なのでしょう。

こんな言葉を見ると，次のような疑問が浮かんできます。

・「ていねいに話す（聞く）」とはどういうことか（教師と子ども，保護者がどのように共通理解しているのか）。

・「ていねいに話す（聞く）」と，何かいいことがあるのか。

・どうしたら「ていねいに話す（聞く）」力が身につくのか。

疑問が浮かんでくると，「小さな道徳授業」を創りたくなってきます。「話す・聞く」に対する子どもたちの認識の変容を促すことができそうだからです。子どもたちが「ていねいに話す（聞く）」ことができるようになったら，それは学級経営によい影響を与えます。

このように，たまたま目にした言葉でもすぐ活用できるのが「小さな道徳授業」のよさです。

学級経営には，子どもの成長につながる節目があります。そのような節目に「小さな道徳授業」を活用すれば，子どもの成長によりよい影響を与えることができるでしょう。

冒頭の言葉（「ていねいに　話そう　聞こう」）を活用した「小さな道徳授業」であれば，４月の早い時期に実施するとよさそうです。子どもたちが新鮮な気持ちをもっている４月当初に，「ていねいに話す（聞く）」ことを意識するようになれば，よりよい人間関係づくりだけでなく，授業の質の向上にもつながります。学校全体でめざしている目標であれば，全学級で行うと，学校経営にもよい影響を与えるはずです。

学級担任であれば，よいスタートを切りたい，よい習慣を身につけさせたい，よりよい人間関係をつくりたい……など，さまざまな願いをもって学級経営を進めていることでしょう。本書では，そのような願いをもつ教師のために，学級経営の節目で活用できる「小さな道徳授業」を提案しました。大いに活用して素敵な学級をつくっていきましょう。

なお，本書の執筆にあたっては，大澤彰氏，郷田栄樹氏のきめ細かなご示唆をいただきました。深く感謝申し上げます。

2021 年 夏

鈴木健二

目　次

この本の使い方と特長

授業を通して子どもにどんな力をつけさせたいか，ねらいを示しています。

小さな道徳授業の実践ページは，すべて見開き２ページ構成となっています。実践編（第２章～第８章）で計 43 本の授業実践を掲載しています。

●実践ページ

実施学年は，めやすです。

小さな道徳授業の実施場面，活用場面を示しています。

学習指導要領の内容項目に対応しています。

授業の流れをわかりやすく図表にしました。

この見開きの実践を５分で実施する方法を示しています。

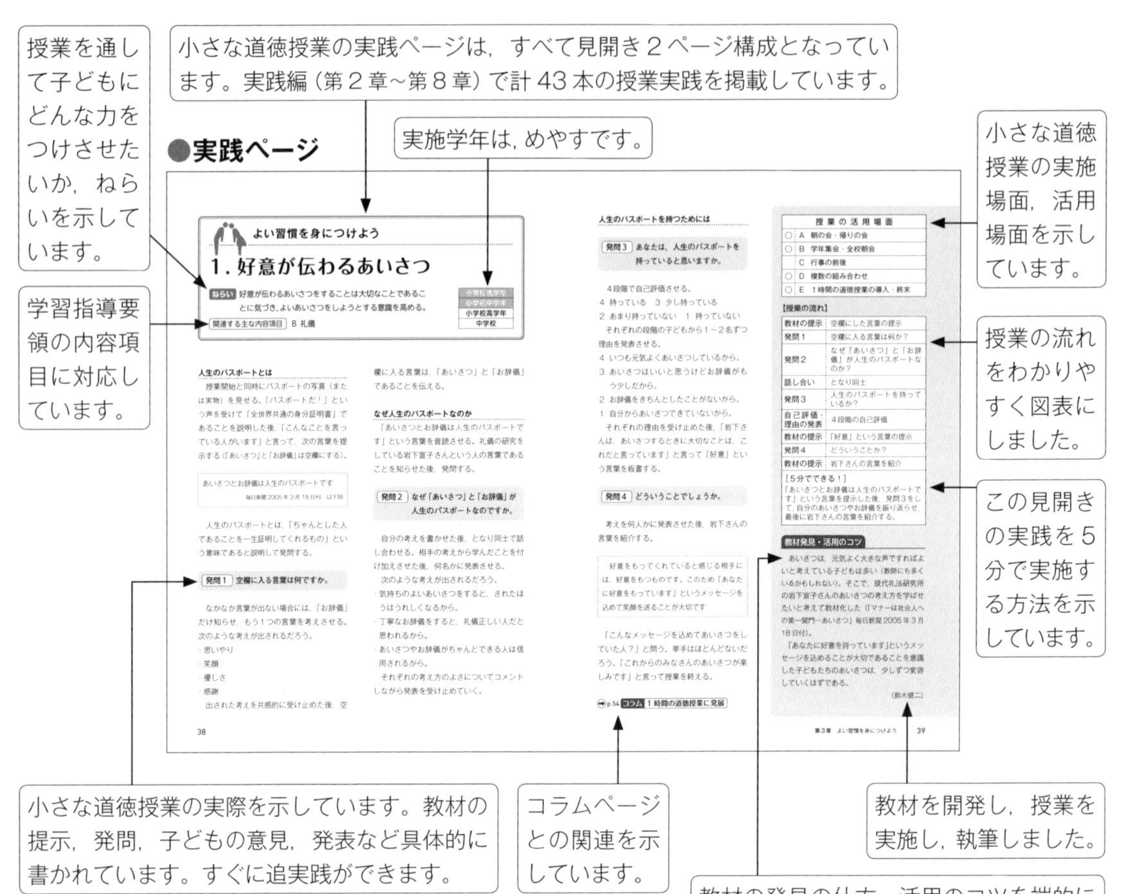

よい習慣を身につけよう

1. 好意が伝わるあいさつ

ねらい　好意が伝わるあいさつをすることは大切なことであることに気づき，よいあいさつをしようとする意識を高める。

関連する主な内容項目　B 礼儀

小学校低学年／小学校中学年／小学校高学年／中学校

人生のパスポートとは

授業開始と同時にパスポートの写真（または実物）を見せる。「パスポートだ！」という声を受けて「全世界共通の身分証明書」であることを説明した後，「こんなことを言っている人がいます」と言って，次の言葉を提示する（「あいさつ」と「お辞儀」は空欄にする）。

あいさつとお辞儀は人生のパスポートです
毎日新聞 2005 年 3 月 18 日付，以下同

人生のパスポートとは，「ちゃんとした人であることを一生証明してくれるもの」という意味であると説明して発問する。

発問１　空欄に入る言葉は何ですか。

なかなか言葉が出ない場合には，「お辞儀」だけ知らせ，もう１つの言葉を考えさせる。次のような考えが出されるだろう。
・思いやり
・笑顔
・優しさ
・感謝

出された考えを共感的に受け止めた後，空欄に入る言葉は，「あいさつ」と「お辞儀」であることを伝える。

なぜ人生のパスポートなのか

「あいさつとお辞儀は人生のパスポートです」という言葉を音読させる。礼儀の研究をしている岩下宣子さんという人の言葉であることを知らせた後，発問する。

発問２　なぜ「あいさつ」と「お辞儀」が人生のパスポートなのですか。

自分の考えを書かせた後，となり同士で話し合わせる。相手の考えから学んだことを付け加えさせた後，何名かに発表させる。

次のような考えが出されるだろう。
・気持ちのよいあいさつをすると，されたほうはうれしくなるから。
・丁寧なお辞儀をすると，礼儀正しい人だと思われるから。
・あいさつやお辞儀がちゃんとできる人は信用されるから。

それぞれの考え方のよさについてコメントしながら発表を受け止めていく。

38

人生のパスポートを持つためには

発問３　あなたは，人生のパスポートを持っていると思いますか。

４段階で自己評価させる。
4 持っている　3 少し持っている
2 あまり持っていない　1 持っていない

それぞれの段階の子どもから１～２名ずつ理由を発表させる。
4 いつも元気よくあいさつしているから。
3 あいさつはいいと思うけどお辞儀がもう少しだから。
2 お辞儀をきちんとしたことがないから。
1 自分からあいさつできていないから。

それぞれの理由を受け止めた後，「岩下さんは，あいさつするときに大切なことは，これだと言っています」と言って「好意」という言葉を板書する。

発問４　どういうことでしょうか。

考えを何人かに発表させた後，岩下さんの言葉を紹介する。

好意をもってくれていると感じる相手には，好意をもつものです。このため「あなたに好意をもっています」というメッセージを込めて笑顔を送ることが大切です

「こんなメッセージを込めてあいさつをしていた人？」と問う。挙手はほとんどないだろう。「これからのみなさんのあいさつが楽しみです」と言って授業を終える。

➡p.54 コラム　1 時間の道徳授業に発展

授業の活用場面	
○	A　朝の会・帰りの会
○	B　学年集会・全校朝会
	C　行事の前後
○	D　複数の組み合わせ
○	E　1時間の道徳授業の導入・終末

【授業の流れ】

教材の提示	空欄にした言葉の提示
発問１	空欄に入る言葉は何か？
発問２	なぜ「あいさつ」と「お辞儀」が人生のパスポートなのか？
話し合い	となり同士
発問３	人生のパスポートを持っているか？
自己評価・理由の発表	４段階の自己評価
教材の提示	「好意」という言葉の提示
発問４	どういうことか？
教材の提示	岩下さんの言葉を紹介

［５分でできる！］
「あいさつとお辞儀は人生のパスポートです」という言葉を提示した後，発問３をして，自分のあいさつやお辞儀を振り返らせ，最後に岩下さんの言葉を紹介する。

教材発見・活用のコツ

あいさつは，元気よく大きな声ですればよいと考えている子どもは多い（教師にも多くいるかもしれない）。そこで，現代礼法研究所の岩下宣子さんのあいさつの考え方を学ばせたいと考えて教材化した（「マナーは社会人への第一関門―あいさつ」毎日新聞 2005 年 3 月 18 日付）。

「あなたに好意を持っています」というメッセージを込めることが大切であることを意識した子どもたちのあいさつは，少しずつ変容していくはずである。

（鈴木健二）

第3章　よい習慣を身につけよう　39

小さな道徳授業の実際を示しています。教材の提示，発問，子どもの意見，発表など具体的に書かれています。すぐに追実践ができます。

コラムページとの関連を示しています。

教材を開発し，授業を実施し，執筆しました。

教材の発見の仕方，活用のコツを端的にまとめています。教材を見つけ出したり，授業を開発したりする際の参考にしてください。

●コラムページ

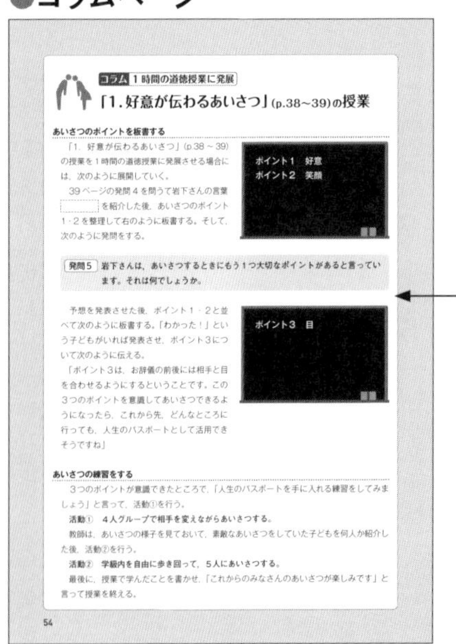

コラム　1 時間の道徳授業に発展

「1. 好意が伝わるあいさつ」（p.38～39）の授業

あいさつのポイントを板書する

「1．好意が伝わるあいさつ」（p.38 ～ 39）の授業を 1 時間の道徳授業に発展させる場合には，次のように展開していく。

39 ページの発問 4 を問うて岩下さんの言葉［　　］を紹介した後，あいさつのポイント 1・2 を整理して右のように板書する。そして，次のように発問をする。

発問５　岩下さんは，あいさつするときにもう１つ大切なポイントがあると言っています。それは何でしょうか。

予想を発表させた後，ポイント１・２と並べて次のように板書する。「わかった！」という子どもがいれば発表させ，ポイント３について次のように伝える。

「ポイント３は，お辞儀の前後には相手と目を合わせるようにするということです。この３つのポイントを意識してあいさつできるようになったら，これから先，どんなところに行っても，人生のパスポートとして活用できそうですね」

あいさつの練習をする

３つのポイントが意識できたところで，「人生のパスポートを手に入れる練習をしてみましょう」と言って，活動①を行う。

活動①　４人グループで相手を変えながらあいさつする。

教師は，あいさつの様子を見ておいて，素敵なあいさつをしていた子どもを何人か紹介した後，活動②を行う。

活動②　学級内を自由に歩き回って，５人にあいさつする。

最後に，授業で学んだことを書かせ，「これからのみなさんのあいさつが楽しみです」と言って授業を終える。

54

実践編（第２章～第８章）の各章の最後に，コラムページを設定しています。
ここでは，実践ページに掲載した授業について，１時間の道徳授業へ発展させる方法を示しています。追加教材の提示，発問の追加，活動の追加などを示しています。
参考にして実施してください。

学級経営の節目で「小さな道徳授業」を生かす

鈴木健二

小さな道徳授業案は，実践編第2章～第8章に掲載しています。

1　子どもの心に残る学級びらき

子どもたちは，学級びらきのことをよく覚えています。
昨年度担任した４年生から，１年間の記録を物語ふうにした１冊の手作り本を修了式の日にもらいました。
開いてみて驚きました。学級びらきで私が話した言葉がはっきりと最初のページに書かれていたのです。
その本を読みながら，改めて学級びらきの大切さに気づきました。
子どもの心に残る，魅力的な学級びらきをこれからも考えていきたいです。

これは，教師になって３年目の若い教師（Ｈさん）が，学級びらきの手応えについて話してくれたことです。学級びらきで教師が話したことを，子どもたちは，なぜ１年後もはっきりと覚えていたのでしょうか。
それは，

「小さな道徳授業」を効果的に活用した

からです。
学級びらきでは，多くの教師が自分の熱い思いを子どもたちに伝えます。しかし，その言葉のほとんどは，子どもたちの記憶に残りません。それは，自分の思いを一方的に伝えているだけだからです。
子どもたちは，「今年こそはがんばるぞ！」「どんな先生か，楽しみだな」などという期待に満ちた思いをもって，新学年を迎えています。しかし，その出会いが教師からの一方通行で終わってしまっているのです。実にもったいないことです。
Ｈさんのような若い教師でも，「小さな道徳授業」を効果的に活用すれば，子どもたちの心に１年間残り続けるような学級びらきを演出することができるのです。

アドバイス
「小さな道徳授業」を効果的に活用することによって，子どもの心に響く学級びらきができます。

2　「小さな道徳授業」の魅力

「小さな道徳授業」はなぜ子どもの心に響くのでしょうか。
その理由は，３つあります。

① 子どもに興味をもたせる教材提示を工夫している
② 教師が伝えたいメッセージを子どもから引き出している
③ 授業後も子どもの意識が持続する工夫をしている

①について

「小さな道徳授業」の魅力の一つは，教材提示の工夫にあります。教材をひと工夫して提示することによって，子どもたちがあれこれ考えたくなるのです。

たとえば，20ページの「1. 最高の仲間に会える場所」のポスターを提示するときには，「最高の仲間」を空欄にします。それだけで子どもたちは，「空欄にどんな言葉が入るのだろう」「親切な店員かな」などと考え始めます。

あれこれ考えが出されたところで，「最高の仲間」という言葉を提示すれば，その言葉が印象に残りやすくなります。

このポスターは，以前，あるコンビニにはってあったものです（現在は使われていません）。このような素材に着目できるようになるためには，教師の感性が問われます。教師自身が「おもしろいポスターだな」と思わなければ，素通りしてしまうからです。

身近なところから「小さな道徳授業」の素材を発見しよう

と意識することによって，感性は少しずつ磨かれていきます。

教師が「いいな」「おもしろいな」「子どもたちと一緒に考えてみたいな」と思える素材を教材化するからこそ，子どもたちもより興味をもつのです。

身近なところから「小さな道徳授業」の素材を発見しようと意識することで，教師の感性が磨かれていきます。

②について

教師は，伝えたいメッセージがあると，つい熱く語ってしまいがちになります。しかし，子どもたちにそれを受け止めたいという気持ちがないと，いくら熱く語ってもあまり心に響きません。そこで大切になってくるのが，

伝えたいメッセージは子どもから引き出す，という意識をもつ

ということです。

「小さな道徳授業」では，思考を刺激する発問を工夫することを重視しています。発問によって，教師が伝えたいメッセージを子どもから引

き出すのです。
「最高の仲間に会える場所」の授業では，次のような発問を工夫しています。

最高の仲間とは，どんな仲間ですか。

この発問によって，子どもたちは思考し始めます。この発問は教師にもそう簡単には答えられません。しかも，いくつもの答えが考えられます。だから思考を刺激するのです。
おそらく子どもたちからは，次のような考えが出されるでしょう。
・いつも笑顔。
・困ったときに助けてくれる。
・いじめをしない。
・一緒にチャレンジする。
・時にはきびしいことを言ってくれる。
・くじけそうなときに応援してくれる。
教師は，出された考えの一つ一つを，「なるほど」「そんな考えもあるね」「それは先生も気づかなかった」などとコメントしながら共感的に受け止めていきます。
このような考えを教師が一方的に伝えていたとしたら，子どもの心にはほとんど何も残らないでしょう。子ども自身が考え，教師が共感することによって，より多くの子どもたちに受け止められていくのです。

では，思考を刺激する発問を生み出すにはどうしたらいいのでしょうか。大切なことは，

教師自身が身の回りのささやかなことに疑問をもつ

ということです。
たとえば，先のポスターから，次のような疑問がわいてきます。
・最高の仲間とは何か。
・どうしたら最高の仲間になれるのか。
・みんなが最高の仲間になれるのか。
・最高の仲間ではなくても，コンビニの仕事がちゃんとできればいいのではないか。
・６名の店員のイラストが描いてあるのはなぜか。１名でもいいのではないか。
・表情が少しずつ違うのはなぜか。

教師自身が身の回りのささやかなことに疑問をもつことが思考を刺激する発問の工夫につながります。

このような疑問がわいてきたら，

その答えを自分で考えてみること

が大切です。そうすることによって，今まで気づかなかったことが見えてきて，教師自身のものの見方・考え方が深まり，それが授業創りに生きるようになってきます。

疑問に自分自身で答えることが，ものの見方・考え方を深め，よりよい授業創りに生きてきます。

③について

「小さな道徳授業」は，５～15分程度の短時間の授業ですが，子どもの認識の変容を促すことをめざしています。認識が変容すれば，言動にも影響を与えます。だから，授業を受けた子どもたちの何人かは，よい言動を見せるようになってきます。

そのような子どもを少しでも増やすためには，授業後も意識が持続するような工夫をすることが大切になってきます。

「最高の仲間に会える場所」の授業では，次のような工夫をしています。

> 「最高の仲間とは，どんな仲間ですか」という発問に対して子どもから出された多様な考えの中から，特に重要だと思える考えを３つ選んでポスターを作る。

授業の終盤で言動の変容を促す工夫をすることによって，学びが行動の指針となっていきます。

こうすることによって，学級を「最高の仲間に会える場所」にするために自分たちが意識していきたいことがより鮮明になり，学級の行動の指針となっていくのです。

教師が，学級を「最高の仲間に会える場所」にしたいと思って，一方的に力説したとしても，「小さな道徳授業」で得られるような効果は表れないでしょう。

３つの魅力をもつ「小さな道徳授業」が，教師が伝えたいメッセージを子どもたちの心に深く刻み込むのです。

3　学級経営の節目で「小さな道徳授業」を活用する

学級経営には，学級びらきをはじめとして，さまざまな節目があります。たとえば，次ページの表のような節目です。

学級経営の節目	本書の章
・新しい学年で大きく成長したいという意欲を高めたい	⇒ 第２章
・学年の早い段階で，よい習慣を身につけさせたい	⇒ 第３章
・よりよい人間関係をつくって誰もが居心地のよい学級にしたい	⇒ 第４章
・任された仕事に責任をもって取り組む姿勢を高めたい	⇒ 第５章
・気が緩みつつある子どもたちの学びに対する意欲を高めたい	⇒ 第６章
・大きな行事に向けて，子どもたちの意識を高めたい	⇒ 第７章
・次の学年に向けて，さらに学ぶ意欲を高めていきたい	⇒ 第８章

このような学級経営のポイントとなる節目で，効果的な手を打てないと，学級を成長させていくことはできません。

学級びらきを例にして考えたように，子どもに意識してほしいことを教師が熱心に語るだけでは，ほとんど効果はないのです。

子どもたちが自分たちの課題を切実にとらえ，よい方向に変えていきたいと思わない限り，現状は変わりません。

学級経営のポイントとなる節目で，学級を成長させる決め手となるのが，「小さな道徳授業」です。本書の第２章から第８章に掲載した「小さな道徳授業」プランは，すべて学級経営の節目における活用を意図しています。（具体的な活用の仕方については，「6　多様な視点でアプローチする」「7　行事を生かして成長させる」の項を参考にしてください）

学級経営の節目で「小さな道徳授業」を効果的に活用することが学級の成長につながります。

4　同じ話を繰り返すだけの指導から脱却する

多くの教師は，学年の早い段階で，よい習慣を身につけさせたいと考えていることでしょう。しかしそう簡単には身につかないのが習慣です。だから，同じ話を何回も繰り返すだけの指導（指導とは言えませんが）になったり，説教じみた話をしたりという状況に陥ってしまいます。

「小さな道徳授業」を活用すれば，このような状況から脱却することが可能になってきます。

「あなたのマナー，いいカンジ!?」という地下鉄の車内の様子を表したポスターがあります（右参照）。

このようなポスターを見ると，そもそも大人がマナーを守れていないのに，子どもたちにだけよいマナーを求める

ことができるだろうか，と思ってしまいます。
しかし，逆に考えれば，こんな大人にならないように，子どものときにマナーについて考えることが大切であるとも言えます。
そこで，このポスターを活用して「小さな道徳授業」を創りたいと考えました。あなただったら，どのように活用するでしょうか。
このポスターで目を引くのは大きな「声」という文字と吹き出し，口に指を当ててしかめ面をしている紳士です。このイラストを提示するだけで，子どもたちは興味をもつでしょう。
そこで，次のように発問します。

このイラストは，あるポスターに使われているのですが，どんなことを伝えようとしているのでしょうか。

子どもたちは，イラストのさまざまな要素から，電車の中で大声でしゃべって周りに迷惑をかけている大人が描かれていると気づくでしょう。そして，周りに迷惑をかけないように声の大きさに気をつけてほしいということを伝えているのではないかと考えることでしょう。
このイラストをもとにして十分話し合わせた後に，自分たちの学級のマナーは「いいカンジ」と思ってもらえるかどうかを検討させるのです。
この「小さな道徳授業」を行うことによって，教師がマナーについてあれこれ言わなくても，自分たちのマナーの状況を見直すきっかけをつくることができます。
（このポスターを教材とした「小さな道徳授業」は，第３章「8. あなたのマナー，いいカンジ!?」（本書 52 ~ 53 ページ）に掲載しています）

5　発展的に取り組む

この「8. あなたのマナー，いいカンジ!?」の授業終盤で，次のような「めざせ，いいカンジ！カード」に個々が意識していきたいマナーを３つ書かせます。

めざせ，いいカンジ！カード

名前（　　　　　　　）

【いいカンジ！にしたいマナー】

①
②
③

こうすることによって，教師からの押しつけではなく，自分自身が選んだマナーとして取り組んでいくようになります。

さらに次のような工夫をすることも可能です。

① 毎月第１週を「めざせ，いいカンジ！」週間として継続的に取り組んでいく。
② 月ごとに，今自分が意識したいマナーを選んでカードに記入する。
③ いいカンジ！のマナーができている子ども同士で「いいカンジ！」と伝え合う（教師も積極的に発見して伝えていく）。

アドバイス

「小さな道徳授業」をきっかけにして，発展的に取り組んでいくことで定着を図ります。

短時間の「小さな道徳授業」ですが，このように発展的に取り組ませていくことによって，よい習慣の着実な定着を図ることができるようになるのです。

6　多様な視点でアプローチする

「小さな道徳授業」は，多様な視点でアプローチできるのも魅力の一つです。

地下鉄の車内のマナーをテーマにした右のようなポスターがあります。

➡P.42-43
このポスターを教材とした小さな道徳授業案を掲載しています。

このポスターのおもしろさは，「つい，うっかりの」というところにあります。

悪気はなくても，無意識のうちに誰かに迷惑をかけている場合があります。

「あなたのマナー，いいカンジ!?」の授業で自分のマナーを見直し，意識して取り組むようになったとしても，「つい，うっかりの」ということが発生してしまう場合もあることでしょう。

そこで，この「小さな道徳授業」を行えば，マナーに対する新たな視点が付け加わります。

「小さな道徳授業」は朝の会などのちょっとした時間を活用して気軽にできるので，子どもたちの様子を見ながら，適切なタイミングで実施することができるのです。

第３章では，よい習慣を身につけるための「小さな道徳授業」を８本掲載しています。学級の状況に応じたテーマを選んで取り組んでいけば，よい習慣が少しずつ身についていくことでしょう。

7　行事を生かして成長させる

行事は，子どもたちが成長する大きな機会です。しかし，子どもたちの行事に対する意識を高めていかなければ，やらされ感だけが残ってしまうことにもなりかねません。

子どもたちの行事に対する意識を高め，成長の機会にしていくことにも，「小さな道徳授業」は効果を発揮します。

行事に臨むにあたって，どのような意識を高めればいいのでしょうか。

次のような視点が考えられます。

視点１ 自分自身がどう取り組むか
視点２ 誰かと切磋琢磨して成長するにはどうしたらいいか
視点３ 誰かを支えるにはどうしたらいいか

「第７章　行事で成長しよう」に掲載した４本の「小さな道徳授業」を，上記の３つの視点で分類すると，次のようになります。

視点	第７章の授業プラン	実施時期
視点１	「1. １位と最下位との差」	練習開始前 行事直前
	「3. 最もうまく協力できるようになる」	行事直前
視点２	「2. ライバルがいるって最高だ」	練習開始前 練習日程の要所
視点３	「4. 人ががんばれる言葉は」	練習開始前 練習日程の要所

視点を意識して「小さな道徳授業」を活用することによって，さらに効果的な授業になります。

「4. 人ががんばれる言葉は」（本書 106 ～ 107 ページ）の教材のポスターは，言葉かけ一つで，がんばりたいと思う気持ちに違いが出てくることを教えてくれます。

行事に向けての練習に熱がこもるほど，失敗に対して不寛容な気持ちが高まってきます。励ますつもりが，ついきつい言い方になってしまうこともあります。その行事の内容に対して苦手意識をもっている子どもであれば，ちょっとした言い方で傷ついてしまうかもしれません。

そこで大切になってくるのが，どんな言葉かけをすれば，がんばりたいという気持ちが高まるかを考えさせることです。

このポスターをもとに，人はどちらの言葉のほうががんばれるのかを話し合った後，次の発問をします。

こう言われたらがんばれるという言葉には，どんなものがありますか。

この発問によって，子どもたちは，「がんばれる言葉」を数多く考えることでしょう。それらの言葉は，短冊に書いて教室に掲示します。

この「小さな道徳授業」によって，子どもたちは自分の言葉のかけ方を意識するようになるでしょう。

３つの視点以外にも，どのような時期に実施するのが効果的なのかを検討することも重要です。このポスターの授業であれば，行事の練習が始まる前がいいでしょう。この授業をしておくことによって，行事に対する不安を抱えた子どもたちに安心感を与えることができます。

さらに効果を高めるためには，練習日程の要所要所で，次のように問いかけます。

今日の練習で，どんな「がんばれる言葉」が聞こえてきましたか。

子どもたちからは，さまざまな言葉が出されるでしょう。それらの言葉を「そんな言葉をかけられたら，先生もがんばりたくなるよ」などと共感的に受け止めていきます。よい言葉は短冊に書いて，掲示板に付け加えていくと学級全体により浸透していきます。

アドバイス

要所要所で，言葉を取り上げて意味づけていくと，学級全体により浸透していきます。

8　道徳の教科書教材と連動させる

「小さな道徳授業」には，道徳の教科書教材と連動させることによって，より効果を高めることができるものもあります。

連動のさせ方には，次のような方法があります。

①　授業の導入で活用する
②　授業の終盤で活用する
③　道徳授業が行われる日の朝の会で活用する
④　道徳授業が行われた翌日の朝の会で活用する
⑤　「小さな道徳授業」をメインにして教科書教材をサブ教材として活用する
⑥　教科書教材と複数の「小さな道徳授業」を組み合わせて単元を構成する

ここでは，①の授業の導入で活用する方法を取り上げて考えてみましょう。

「小さな道徳授業」は教科書教材とさまざまな連動のさせ方を工夫することによって，より効果的な授業を生み出すことができます。

第７章に「2. ライバルがいるって最高だ」（本書 102 ～ 103 ページ）という授業プランを掲載しています。たとえば，このプランと「最強の敵　最大の友」という教科書教材（令和３年度版『中学道徳１　とびだそう未来へ』教育出版）を連動させて活用するのです。

「最強の敵　最大の友」は，次のような２つの新聞記事が教材になっています。

「一人じゃない」（東京新聞 2016 年８月８日より）

リオデジャネイロオリンピックの個人メドレー決勝で優勝した萩野公介は，「一人じゃないんだ」「（瀬戸）大也がいなかったら，僕はここにいない」と思った。そして，60 年ぶりに日本人二人が上がった表彰台で，最強の敵であり，最大の友と抱き合った。

「瀬戸　ライバル追って」（読売新聞 2016 年８月８日より）

瀬戸は，萩野選手の金メダルをすがすがしい表情でたたえ，「東京では，いい色のメダルを取れるようにがんばりたい」と前を向いた。メダルを取ったことを素直にうれしいと語ったが，もっとうれしいのは，ライバルのこのひと言だっただろう。「大也がいなかったら，僕は今，ここにいなかった」

（いずれの記事も筆者要約）

授業の導入で，次の言葉を提示します（ライバルは空欄にしておく）。

#ライバルがいるって最高だ

空欄の言葉を考えさせた後，「ライバル」という言葉が入ることを知らせて発問します。

どんなライバルでもいたほうがいいのでしょうか。

子どもたちは，「どんなライバルでもいいわけではない」と考えるでしょう。

そこで，「最強の敵　最大の友」という題名と水泳の萩野選手と瀬戸選手の写真を提示して発問します。

【競泳日本選手権】男子 200 メートル個人メドレー決勝 レース後の瀬戸大也選手（右）と萩野公介選手（左）（2021 年 4 月 8 日）
写真：産経新聞社

萩野選手と瀬戸選手は，最高のライバルなのでしょうか。

この発問によって，子どもたちは問題意識をもって教科書教材を読むことになります。

教科書教材を読んだ後，再度同じ発問をして，「ライバルがいるって最高だ」と思えるには何が大切なのかを考えさせていくのです。

教科書教材と連動させることによって，「ライバルがいるって最高だ」という言葉を具体的なイメージをもって認識することができます。

行事に向けて，このような授業をしておくと，子どもたちの意識はより高まることでしょう。

以上のように「小さな道徳授業」と教科書教材を連動させることによって，より効果的な道徳授業を生み出すことが可能になるのです。

第2章

よいスタートを切ろう

※年度初めの学級開きの時期に第2章の小さな道徳授業案を実施し,子どもたちの心に残るスタートを切っていきましょう。

よいスタートを切ろう

1. 最高の仲間に会える場所

ねらい 自分も最高の仲間になるために，できることをやっていきたいという意欲を高める。

関連する主な内容項目　C よりよい学校生活，集団生活の充実

小学校低学年
小学校中学年
小学校高学年
中学校

こんなポスターを発見

ローソン求人ポスター
※現在はデザインの異なるポスターが使用されています

「以前，あるコンビニでこんなポスターを発見しました」と言って，「最高の仲間」という言葉を空欄にしてポスター（ローソン）を提示する。

「空欄にはどんな言葉が入ると思いますか」と問いかけて，予想させる。次のような考えが出されるだろう。

・おいしいお菓子
・すてきな笑顔
・親切な店員さん

考えが出たところで，「最高の仲間」であることを知らせる。

どちらが最高の仲間か

「最高の仲間に会える場所」を音読させた後，２つのイラストを提示して発問する。

A

B

発問１ どちらが最高の仲間ですか。

ＡかＢを選ばせて挙手させる。

ほとんどの子どもはＢを選ぶだろう。

何人かを指名して選んだ理由を発表させる。次のような考えが出されるだろう。

・Ａはいじめられている人がいるから最高の仲間じゃない。
・Ｂはみんな楽しそうだから最高の仲間に見える。

発言を受けて，Ｂに「最高の仲間」という見出しをつけた後，発問する。

発問２ Ａはどんな仲間ですか。

次のような考えが出されるだろう。

・いやな仲間
・仲間とは言えない仲間
・一緒に過ごしたくない仲間
・いじめられている人がいても平気な仲間

それぞれの考えを共感的に受け止め，学級全体で共有する。

最高の仲間とは

Ｂのイラストに注目させて発問する。

発問３　最高の仲間とは，どんな仲間ですか。

自分の考えを書かせた後，グループで話し合わせて１つ選ばせ, 学級全体に発表させる。

次のような考えが出されるだろう。

・いつも笑顔でいる。
・困ったときに助けてくれる。
・いじめをしない。
・一緒にチャレンジする。
・時にはきびしいことを言ってくれる。
・くじけそうなときに応援してくれる。

出された中から，「最高の仲間になるための３か条」を決める。授業の後，次のような学級のポスターを作り掲示する。

最高の仲間に会える場所

○年○組

最高の仲間になるための３か条

①

②

③

➡p.36 コラム １時間の道徳授業に発展

授業の活用場面	
○	Ａ　朝の会・帰りの会
○	Ｂ　学年集会・全校朝会
	Ｃ　行事の前後
○	Ｄ　複数の組み合わせ
○	Ｅ　１時間の道徳授業の導入・終末

【授業の流れ】

教材の提示	ポスターを提示して空欄の言葉を考える
教材の提示	Ａ，Ｂ２つのイラスト
発問１	どちらが最高の仲間か？
発問２	Ａはどんな仲間か？
発問３	最高の仲間とはどんな仲間か？
話し合い	個人→グループ
学級全体で話し合い	「最高の仲間になるための３か条」
［５分でできる！］ ポスターの空欄に「最高の仲間」という言葉が入ることを知らせた後，発問３をする。	

教材発見・活用のコツ

コンビニ（ローソン）を利用したときに目についたポスターである。穏やかな表情の店員のイラストと「最高の仲間に会える場所」という言葉に惹かれて，教材化した。

この授業プランを学級びらきや４月の早い時期に活用して，最高の仲間とはどんな仲間かについて考えさせ，自分も最高の仲間の一員になりたいという意識を高めていくようにしたい。学級の多くの子どもたちがそのような意識をもつことができれば，４月の学級経営のスタートがスムーズに切れるとともに，１年間を通して，学級の行動指針となるはずである。

「３か条」のポスターは掲示し，意識の持続を図るようにしたい。

（鈴木健二）

よいスタートを切ろう

2.自分一人の革命

ねらい 自分の言動を変えることが学級をよくすることにつながることに気づき，始めようとする意欲を高める。

関連する主な内容項目　C よりよい学校生活，集団生活の充実

小学校低学年
小学校中学年
小学校高学年
中学校

「自分一人の革命」とは

「自分一人の革命」という言葉を提示して発問する。

発問1　どういう意味だと思いますか。

「革命」という言葉の意味がわからない子どもが多いようであれば，「これまでの考え方や行動などを変えること」と簡単に説明して考えさせる。

次のような考えが出されるだろう。

・自分が何かを始めること
・これまでの自分を変えること
・自分の考え方が間違っていたことに気づくこと

考えを発表させた後，「あなた」という言葉を空欄にして次の文を提示し，言う。

自分一人の革命。あなたが社会を変えるのではなく，あなたが変わることで社会が変わる！

誰もが不満！　世の中のせい，の愚痴だらけ。でもそれでは何にも変わらない。できるのは自分自身を変えること。それなら始められる！

朝日新聞 2020年10月18日付
Re ライフ 人生充実「加藤登紀子のひらり一言」

「空欄には同じ言葉が入ります。どんな言葉が入ると思いますか」

［　　　　］が社会を変えるのではなく
［　　　　］が変わることで社会が変わる！

次のような言葉が出されるだろう。

・わたし　・あなた
・誰か　　・みんな

予想を出させた後，「あなた」という言葉を提示して音読させ，発問する。

発問2　「自分一人の革命」というのは，どういう意味だと思いますか。

となり同士で話し合わせた後，自分なりの意味を書かせて発表させる。

・自分自身がよい生き方をすることによって，社会もよくなるということ
・社会を変えるためには，まず自分が変わらなければならないということ

自分にもできる「革命」

「誰もが不満！　世の中のせい，の愚痴だらけ。でもそれでは何も変わらない。できるのは自分自身を変えること。それなら始められる！」を提示して発問する。

発問３　あなたにもできそうな「自分一人の革命」は何ですか。

一人で３つ以上考えさせた後，グループで交流させる。

「学級全体に紹介したいものを１つ選びましょう」と言って，グループで出されたアイデアの中から発表させる。

・自分から明るくあいさつする。
・できるだけ笑顔でいる。
・ちょっとしたことでイライラしない。
・人に優しく接する。
・困っている人に声をかける。
・頼まれた仕事をいやがらない。
・みんなのためになることを進んでやる。

出された考えを参考にして，自分がこれから意識していきたいことを３つ選ばせ，「自分一人の革命」カードに書かせる。

「自分一人の革命」カード

名前（　　　　　）

【変えたいこと】

①

②

③

カードを書いたら，友達のカードを見て回らせて授業を終える。

授業の活用場面	
○	A　朝の会・帰りの会
○	B　学年集会・全校朝会
	C　行事の前後
○	D　複数の組み合わせ
○	E　１時間の道徳授業の導入・終末

【授業の流れ】

教材の提示	「自分一人の革命」という言葉
発問１	どういう意味か？
教材の提示	「あなた」を空欄にした文
発問２	「自分一人の革命」とは，どういう意味か？
話し合い	となり同士→書いてから発表
発問３	あなたにもできそうな「自分一人の革命」は何か？
発表	グループから１つずつ発表
書く	「自分一人の革命」カード

［５分でできる！］
初めに「自分一人の革命」の意味を考えさせた後，教材全文を提示し，発問３をする。

教材発見・活用のコツ

よい状況を生み出すためには，周りを変えなければならないと思いがちである。しかし，周りを変えるのは容易なことではない。

この素材の言葉を活用すれば，周りを変えるのは難しいが，自分が変わることはそれほど難しいことではないという気づきを，子どもたちにもたせることができるのではないかと考えた。

「自分一人の革命」カードを書かせた後，教室に掲示して，子どもたちの意識の持続を図るようにしたい。

（鈴木健二）

よいスタートを切ろう

3. ありがとうの瞬間

ねらい 周りの様子を気にかけて，「ありがとうの瞬間」が増える学級にしていきたいという気持ちを高める。

関連する主な内容項目　B 親切，思いやり（中学は，思いやり，感謝）

小学校低学年
小学校中学年
小学校高学年
中学校

どんな場面？

授業開始と同時に下のポスターのイラスト部分だけを提示する（吹き出しの「ありがとう」は空欄にする）。

JR 北海道提供　2012 年度版

「気づいたことや，考えたことはありませんか」と問いかけて発表させる。

・おばあちゃんが喜んでいる。

・赤ちゃんを抱いた女性は，女子高生に席を譲ってもらったから，お礼を言っている。

というような意見が出されるだろう。

その後，ポスターのイラスト部分であることを伝える。「ポスターにはこんなタイトルがついていました」と言って，次のように提示して，空欄に入る言葉を発表させる。

□の瞬間

「ありがとうの瞬間」とは

ポスターのタイトルの言葉やイラストの吹き出しの言葉が「ありがとう」であることを伝えた後，発問する。

発問 1 ポスターの中には，どんな「ありがとうの瞬間」がありますか。

個人で考えさせてグループで交流させた後，学級全体に発表させる。次のような考えが出されるだろう。

・赤ちゃんが泣かないように音を消してくれてありがとう。

・優先席に気づいて，電源を切ってくれてありがとう。
・荷物がたくさんあるのに，席を譲ってくれてありがとう。

「ありがとうの瞬間」を探す作業を通して，子どもたちは，思いやりの視点を見つけていくだろう。

発問２　「ありがとうの瞬間」が多い電車とあまりない電車では，どちらの電車に乗りたいですか。

「ありがとうの瞬間」が多い電車に乗りたいと思う子どもがほとんどだろう。

何人かに理由を発表させる。次のような理由が出されるだろう。
・相手のことを思いやってくれる人が多くて安心できるから。
・「ありがとう」という言葉を聞くと心が温かくなるから。

「ありがとうの瞬間」を増やすには

発問３　「ありがとうの瞬間」はどうしたら増やせるのでしょうか。

個人で考えさせた後，グループで交流させ，その後，学級全体に発表させる。

次のような考えが出されるだろう。
・周りの人の様子をよく見る。
・自分ができそうなことを考えておく。
・自分にしてもらってよかったことを相手にもしてあげられるようにする。

最後に，「先生が見つけた『ありがとうの瞬間』です」と言って，教師がとらえた子どもの素敵な姿を写真で提示して授業を終える。

授業の活用場面	
○	A　朝の会・帰りの会
○	B　学年集会・全校朝会
	C　行事の前後
○	D　複数の組み合わせ
○	E　１時間の道徳授業の導入・終末

【授業の流れ】

教材の提示	ポスターのイラスト部分（「ありがとう」は空欄）
教材の提示	ポスターのタイトル（「ありがとう」は空欄）
発問１	ポスターにはどんなありがとうの瞬間があるか？
発表	個人→グループ→全体
発問２	「ありがとうの瞬間」が多い電車とあまりない電車の，どちらの電車に乗りたいか？
発表	個人→全体
発問３	「ありがとうの瞬間」はどうしたら増やせるか？
発表	個人→グループ→全体
［５分でできる！］「ありがとう」を空欄にしてポスターを提示する。空欄に入る言葉を考えさせた後，発問３をする。	

教材発見・活用のコツ

「ありがとう」という言葉が飛び交う学級は，子どもたちにとって安心して過ごせる学級である。

ここで取り上げたポスター（JR 北海道）は，そのような学級に近づくために効果的な教材である。

子どもたちの思いやりのある行動を発見するたびに，「ありがとうの瞬間だね」と声をかけ，意識の持続を図りたい。

（猪飼博子）

よいスタートを切ろう

4. プロフェッショナルとは

ねらい 自分もプロフェッショナルになるための大切な考え方を意識していきたいという意欲を高める。

関連する主な内容項目　A 個性の伸長（中学は，向上心，個性の伸長）

小学校低学年
小学校中学年
小学校高学年
中学校

プロフェッショナルとは

「私が好きな番組で，ＮＨＫの『プロフェッショナル 仕事の流儀』という番組があります。一流の中の一流が登場しますが，その番組の最後で，次のような問いが出されます」と言って，次の言葉を示す。

あなたにとって，プロフェッショナルとは…

発問１ **あなただったら，どのように答えますか。**

何人か指名して発表させる。次のような考えが出されるだろう。

・誰にも真似できない仕事ができること
・苦しくてもがんばれること
・努力を長く積み重ねられること

それぞれの考えを共感的に受け止める。

心に残る言葉

「この問いに，番組で取り上げられたプロフェッショナルは，どのように答えたのでしょうか。私の印象に残っている言葉を３つ紹介します」と言って，次のように授業を進めていく。

「１つめは，映画監督・演出家の堤幸彦さんの言葉です」と言ってカードを提示する。

Ａ どんな逆境でも楽しめること*1

「２つめは，パティシエの杉野英実さんの言葉です」と言ってカードを提示する。

Ｂ 永遠の未完成でいたい*2

「３つめは，国連難民高等弁務官事務所で活動する高嶋由美子さんの言葉です」と言ってカードを提示する。

Ｃ 自分にいつも疑問を呈することができる人*3

意識したい言葉

３つの言葉を音読させて発問する。

発問２ **この３つの中から，自分も意識したいという言葉を選ぶとしたら，どれを選びますか。**

1つ選ばせた後，理由を考えさせる。選んだ言葉でグループをつくり，考えを交流させる。

次のような考えが出されるだろう。

【Aのグループ】

・苦しくても楽しめれば，次につながるから。

【Bのグループ】

・自分が完成したと思ったら，それ以上努力しなくなるから

【Cのグループ】

・自分に疑問を感じることができれば，うぬぼれたりしなくなるから。

それぞれの考えの素晴らしさを受け止める。

「これから新しい学年が始まります。自分が選んだ言葉をカードに書きましょう」と言って，次のようなカードに書かせる。

プロフェッショナルをめざそう！
【選んだ言葉】

なまえ（　　　　　）

最後に「みなさんは，これから始まる1年間で，どんなプロフェッショナルになっていくのでしょうか。学年の終わりにもう一度『あなたにとってプロフェッショナルとは』という問いかけをしたいと思っています。そのとき，どのような答えが返ってくるか楽しみにしています」と言って授業を終える。

「プロフェッショナルをめざそう！」カードは掲示して意識の持続を図る。

＊ 1，2，3は，『ディレクターズノート』NHK「プロフェッショナル」制作班著（光文社）より

	授業の活用場面
○	A　朝の会・帰りの会
○	B　学年集会・全校朝会
	C　行事の前後
○	D　複数の組み合わせ
○	E　1時間の道徳授業の導入・終末

【授業の流れ】

教材の提示	あなたにとって，プロフェッショナルとは…
発問1	あなただったら，どのように答えるか？
教材の提示	3つの言葉のカード
発問2	自分も意識したいという言葉はどれか？
話し合い	個人→グループ→学級全体
書く	カードに記入

［5分でできる！］
プロフェッショナルの3つの言葉を提示した後，発問2をする。

教材発見・活用のコツ

一流のプロフェッショナルたちは，それぞれ仕事の哲学をもっている。

『ディレクターズノート――もうひとつのプロフェッショナル』NHK「プロフェッショナル」制作班著（光文社）には，そのようなプロフェッショナルたちの言葉が満載である。

それらの言葉の中から，子どもたちが意識したい言葉を選ばせることによって，1年間の指針として機能させるための授業プランを構想した。

（鈴木健二）

よいスタートを切ろう

5. まぁるい言葉で こころをまぁるく

ねらい まぁるい言葉をたくさん使って，よい学級をつくっていこうという意欲を高める。

関連する主な内容項目 B 親切，思いやり（中学は，思いやり，感謝）

小学校低学年
小学校中学年
小学校高学年
中学校

どんなポスターかな？

授業開始と同時に，ポスター（「まぁるい」と「まぁるく」，下の説明部分を隠す）を提示する。

2015年度 浄土宗発行ポスター

ポスターを見て，気づいたことを発表させる。

- 笑顔の石が積み重なっている。
- ありがとうなど，うれしい一言が書かれている。
- □で隠れているところがある。

子どもたちがポスターに興味をもったところで，次の□に入る言葉を考えさせる。

> □言葉で　こころを□。

ヒントとして，□には語尾の異なる同じ言葉が入ることを伝えて，発表させる。子どもたちからは，次のような考えが出されるだろう。

・優しい　・幸せ　・うれしい

ひと通り発表を終えたところで，□にはそれぞれ「まぁるい」「まぁるく」という言葉が入ることを伝える。

どんな意味だろう？

□に入る言葉を伝えた後に，次の発問をする。

> **発問１** 「まぁるい言葉で こころをまぁるく」とはどういう意味なのでしょうか。

子どもたちはポスターをヒントに，次のように考えるだろう。

- 優しい言葉をかけると，人の心を幸せにすることができる。
- 人が喜ぶ言葉で，こころが明るく，笑顔になる。

考えがひと通り出た後に，ポスターの下段に書かれている文章を提示する。

> 笑顔でやさしい言葉をかけられると，人のこころは明るく，あたたかくなるでしょう。　前掲ポスターより

ハッとした言葉

説明を提示した後に，次の説明をする。

「このポスターの“まぁるい言葉で こころをまぁるく“という言葉が素敵だなと思い見ていたのですが，この文章を読んで，ハッとしました」と伝え，ポスターの下段のもう一つの文章を伝える。

> 「笑顔」と「やさしい言葉」は，だれにもできるこころがけです。　前掲ポスターより

どんな学級になる？

２つの文章を音読させた後，発問する。

発問２　「まぁるい言葉で こころをまぁるく」をみんなが意識したら，どんな学級になっていきますか。

自分の考えを書かせた後，グループで交流させる。グループから学級全体に紹介したい考えを発表させる。

・いつも笑顔のあふれた学級になっていく。
・みんなが楽しい学級になっていく。
・困っている人がいても，助け合える学級になる。

最後に，「この学級に“まぁるい言葉”がいつでもだれにでもあふれ，みんなの心がさらにまぁるくなっていくのが楽しみです」と言って，授業を終える。

授業の活用場面	
○	A　朝の会・帰りの会
○	B　学年集会・全校朝会
	C　行事の前後
○	D　複数の組み合わせ
○	E　１時間の道徳授業の導入・終末

【授業の流れ】

教材の提示	「まぁるい」と「まぁるく」，下の説明部分を隠したポスター
発表	全体
教材の提示	＿＿言葉で こころを＿＿。
発問１	「まぁるい言葉で こころをまぁるく」とはどういう意味か？
発表	全体
発問２	みんなが意識したら，どんな学級になっていくか？
話し合い	個人→グループ→全体
［５分でできる！］ ポスターを提示した後，下段にある２つの説明の文章を知らせ，発問２をする。	

教材発見・活用のコツ

この浄土宗のポスターは，「まぁるい言葉で こころをまぁるく」するという言葉が，丸い石の写真と相まって，見る者をほのぼのとした気持ちにさせる。

このポスターを活用して「まぁるい言葉」を使っていきたいという気持ちを高めることによって，学級の雰囲気は確実に温かいものになっていくだろう。

授業後は，子どもたちが使った「まぁるい言葉」をキャッチして学級全体に知らせ，意識を浸透させていきたい。

（堀内遥香）

よいスタートを切ろう

6. はなからやれへん方がええやん

ねらい 無理だと思ってあきらめずに，自分なりに少しずつ挑戦していきたいという気持ちを高める。

小学校低学年
小学校中学年
小学校高学年
中学校

関連する主な内容項目　A 希望と勇気，努力と強い意志
（中学は，希望と勇気，克己と強い意志）

母と子の会話

授業開始と同時に，次のイラストを提示する。

「これは，あるドラマで実際にあった場面です。この母と子は，こんな会話をしています」と言って，次のやりとりを提示する（「はなからやれへん方がええやん」は空欄にする）。

> 母：あんた看護婦さんになりたかってんな。何で無理やて思うの？
> 子：算数や理科はなんぼがんばってもいっこもできひん。
> 子：無理なもんは無理や。
> 子：やってあかんねやったら，はなからやれへん方がええやん。
>
> NHK 連続テレビ小説「おちょやん」
> 113回　作・八津弘幸

この子は，何と言ったと思うか問いかける。

次のような考えが出されるだろう。

・あきらめるしかない。　・やるだけ無駄。
・やる気がしない。

子どもの考え

それぞれの考えを受け止めた後，空欄の言葉を提示して発問する。

発問１ この子どもの考えに賛成しますか。

賛成だったら○，反対だったら×を選ばせて理由を書かせる。挙手で人数を把握した後，となり同士で交流させて，少数派から発表させる。次のような考えが出されるだろう。

【○派】
・やってもできなかったら，落ち込むだけだから。
・自分ができないということを強く感じるだけだから。

【×派】
・最初からあきらめていたら，できることもできなくなるから。
・まずはやってみることが大切だから。

・無理だと思っていたこともがんばったらできたことがあるから。

考えが出つくしたところで，もう一度○か×かを選ばせる。考えが変わった子どもがいたら，理由を発表させる。

どう乗り越えるか

発問２ **新しい学年が始まりました。１年間の間には，これは無理と思うことに何回も出合うかもしれません。そのとき，あなたは「はなからやれへん方がええやん」という考え方をしたいですか。**

したいか，したくないか，を選ばせる。ほとんどの子どもはしたくないを選ぶだろう。

子どもたちの反応を受け止めて発問する。

発問３ **「はなからやれへん方がええやん」という考えが浮かんできたとき，どうしたら乗り越えていけそうですか。**

一人一人に考えさせた後，グループで交流させ，よいアイデアを学級全体に発表させる。

・友達や先生にどうしたらいいか相談してヒントをつかむ。

・無理だと思ってもがんばっている人もいるはずだから，自分はあきらめてもいいのかと勇気づける。

出されたアイデアの中から，自分が生かしていきたいものをカードに書かせる。最後に，希望をもって努力を続ける池江璃花子選手のエピソードなど，無理だと思われることを乗り越えた人たちの話をして授業を終える。

授業の活用場面	
○	A　朝の会・帰りの会
○	B　学年集会・全校朝会
○	C　行事の前後
○	D　複数の組み合わせ
○	E　１時間の道徳授業の導入・終末

【授業の流れ】

教材の提示	母と子が話しているイラストと会話
発問１	この子どもの考えに賛成するか？
話し合い	○か×か
発問２	「はなからやれへん方がええやん」という考え方をしたいか？
選ぶ	したいか，したくないか
発問３	どうしたら乗り越えていけそうか？
話し合い	個人→グループ→全体

［５分でできる！］
イラストと母と子の会話を提示した後，発問１をする。

教材発見・活用のコツ

素材は，ＮＨＫ連続テレビ小説「おちょやん」のある場面の母と子の会話である。

「はなからやれへん方がええやん」という言葉を検討させることにより，苦手なことに対して一歩踏み出してみようとする意識を高めていきたい。

授業後は，苦手意識のあることに少しでも挑戦しようとする姿勢を見せた子どもを取り上げて，小さな進歩を賞賛し，学級全体の意識を少しずつ変えていくようにしたい。

※ドラマでは，子どもはその後，お母さんのがんばりを見ているうちに考えが変わる。看護婦さんになりたいという目標を確かなものにする。

（鈴木健二）

よいスタートを切ろう

7. 自分との約束を破らない

ねらい 自分との約束を破らず，しっかり守っていこうとする意識を高める。

小学校低学年
小学校中学年
小学校高学年
中学校

関連する主な内容項目　A 善悪の判断，自律，自由と責任・正直，誠実
（中学は，自主，自律，自由と責任）

自分との約束とは？

授業開始と同時に，次の言葉を提示して（「自分」は空欄にする），空欄に入る言葉を考えさせる。

> 自分（じぶん）との約束（やくそく）を破（やぶ）らない。

『生き抜くチカラ』為末大 著　日本図書センターより

次のような言葉が出されるだろう。

・友達　・家族　・先生

考えが出つくしたところで，空欄に入る言葉は「自分」であることを知らせ，次の発問をする。

発問１ 「自分との約束」とはどういうことでしょうか。

一人一人に考えさせた後，となり同士で交流させ，発表させる。次のような考えが出されるだろう。

・自分が決めたこと
・これだけは守りたいと思ったこと
・自分が立てた目標

それぞれの考えを共感的に受け止める。

自分との約束は大切か？

「（為末さんの写真を提示して）この言葉は，2001年と2005年の世界陸上選手権の男子400ｍハードルで銅メダルを獲得した為末大さんの言葉です」と言って，発問する。

発問２ 自分との約束を破っても誰も知らないのに，そんなに大切なことなのでしょうか。

大切なことだと思えば○，大切なことではないと思えば×を選ばせ，理由を書かせる。

次のような理由で○の子どもが大半だろう。

・誰も知らないからこそ，守ることが大切だと思う。
・自分との約束を破れば，他の人との約束も破るようになるかもしれない。

・自分との約束を破ると，自分のことを大切にしなくなるような気がする。

それぞれの考えのよさを意味づけしながら受け止める。

為末さんの考えは？

「為末さんは，次のように言っています」と言って紹介し，音読させる。

> どんなに小さなことでも，自分で決めたことは必ず守ろう。人間は，ちょっとした甘えで自分との約束を破った瞬間から，ズルズルと悪い方向に進んでいってしまうものだから。　前掲書より

自分と約束したことは？

発問3　**新しい学年がスタートしました。あなたは，この1年間成長していくために，自分とどんな約束をしたいですか。**

自分と約束したいことを3つ書かせる。その後，特に大切にしていきたい約束を1つ選ばせ，「自分との約束カード」に書かせる。

自分との約束カード

自分との約束を破らない。

※自分との約束を記入する。

授業後はカードを掲示して，意識の持続を図っていく。

授業の活用場面	
○	A　朝の会・帰りの会
○	B　学年集会・全校朝会
	C　行事の前後
○	D　複数の組み合わせ
○	E　1時間の道徳授業の導入・終末

【授業の流れ】

教材の提示	「自分」を空欄にした言葉
発問1	「自分との約束」とはどういうことか？
話し合い	個人→となり同士→全体
発問2	そんなに大切なことか？
話し合い	○か×かを選ばせ発表
教材の提示	為末さんの考え
発問3	自分とどんな約束をしたいか？
書く	自分との約束カード

［5分でできる！］
「自分」を空欄にした言葉を提示した後，為末さんの考えを紹介し，発問3をする。

教材発見・活用のコツ

『生き抜くチカラ』為末大 著（日本図書センター）の中の言葉である。自分で決めたことを「自分との約束」と表現することによってインパクトを与える言葉になっている。

自分との約束であれば，誰も知らないことが多い。そうであれば，破ったとしてもごまかせそうだが，自分の心はだませない。為末さんの考えを伝えることで，さらに「自分との約束を破らない」という意識が高まるだろう。

新しい学年がスタートした時期に行うことによって，自分の成長につながる取り組みにつなげていきたい。

（鈴木健二）

よいスタートを切ろう

8. 小さな優しさを積み重ねよう

ねらい 「小さな優しさ」の積み重ねが，個人ばかりでなく学級全体の大きな一歩になることに気づく。

関連する主な内容項目　B 親切，思いやり・感謝
（中学は，思いやり，感謝）

小学校低学年
小学校中学年
小学校高学年
中学校

空欄に入る言葉は？

授業開始と同時に，次の広告の言葉の「小さな優しさ」を空欄にして提示し，その空欄に入る言葉を考えさせる。

リンテック株式会社 2021 年 5 月の広告より

次のような言葉が出されるだろう。

・努力　・がんばり　・協力　・練習

それぞれの言葉のよさを受け止めた後，「小さな優しさ」であることを知らせる。

「小さな優しさ」とは？

言葉全体を音読させた後，発問する。

発問１　「小さな優しさ」とは何でしょうか。

一人一人に３つ以上書かせた後，となり同士で交流させ，発表させる。次のような考えが出されるだろう。

・困っている人に声をかける。
・笑顔であいさつする。
・順番をゆずる。
・トイレのスリッパを並べる。
・ゴミが落ちていたら拾う。

「小さな優しさ」の力

できるだけ数多く出させて「小さな優しさ」のイメージが具体的になったところで，発問する。

発問２　「小さな優しさ」の積み重ねは，学級にとっても明日への大きな一歩につながりそうですか。

つながりそうかどうか考えさせる。ほとんどの子どもは，つながりそうだと答えるだろう。

そこで，その理由を個人で書かせ，グループで交流させた後，学級全体に紹介したい考えを，グループから１つずつ発表させる。

次のような考えが出されるだろう。

・学級で「小さな優しさ」が積み重なると，安心していろいろなことに挑戦できるようになるから。
・「小さな優しさ」が積み重なる学級だと，失敗したときにも励ましてくれるので，次の一歩を踏み出すことができるから。
・「小さな優しさ」が積み重なっている学級は，いろいろな行事に協力して取り組んでいけるから。

それぞれの考えを共感的に受け止める。

発表された以外でよい考えがあった場合には，「こんな考えも出されていました」と言って紹介する。

「小さな優しさ」を積み重ねよう

「『小さな優しさ』が積み重なると素敵な学級になりそうですね」と言って発問する。

発問３　あなたはどんな「小さな優しさ」を積み重ねていきたいですか。

発問１で出された考えを参考にさせて，自分自身が心がけていきたい「小さな優しさ」を３つ考えさせる。３つ決まったら「小さな優しさ」カードに書かせて授業を終える。

「小さな優しさ」カード

◆「小さな優しさ」を積み重ねよう！

名前＿＿＿＿＿＿＿＿

①

②

③

授業の活用場面	
○	A　朝の会・帰りの会
○	B　学年集会・全校朝会
○	C　行事の前後
○	D　複数の組み合わせ
○	E　１時間の道徳授業の導入・終末

【授業の流れ】

教材の提示	一部分を隠した広告の言葉
発問１	「小さな優しさ」とは何か？
話し合い	個人→となり同士→全体
発問２	「小さな優しさ」の積み重ねは，明日への大きな一歩につながりそうか？
話し合い	個人→グループ→全体
発問３	どんな「小さな優しさ」を積み重ねていきたいか？
作業	カード作成

［５分でできる！］
広告の言葉を隠さずに全部提示した後，発問２をする。

教材発見・活用のコツ

「小さな優しさ」という表現が，自分にもできそうなイメージをもたせてくれる広告である。

そこで，この言葉を活用して学級全体に「小さな優しさ」が広がるような授業プランを構想した（学級びらきなど，４月当初での活用がおすすめ）。

「小さな優しさ」カードは教室に掲示するとともに，帰りの会などで，週１回程度発見した「小さな優しさ」を発表させ，意識の継続を図る。

教師も「小さな優しさ」を積極的に発見し，学級通信などで発信していくとよい。

（鈴木健二）

コラム　1時間の道徳授業に発展

「1.最高の仲間に会える場所」(p.20~21)の授業

1時間の道徳授業に発展させる場合には，次のように展開していく。

発問２の後に，Ａ（いやな仲間）とＢ（最高の仲間）のイラストを比較させて次の発問をする。

発問２－２　ＡとＢ，どちらの学級にしたいですか。

ほぼ全員がＢに挙手するだろう。

そこで少し力を込めて，次のように言う。

「みんなこの学級を“最高の仲間に会える場所”にしたいと思っているんですね！」と言って発問３をする。

発問３で「最高の仲間とはどんな仲間か」を考えさせた後,「友達についてこんなことを言っている人がいます」と言って，ビートたけしさんの写真を提示する。子どもたちが興味を示したところで，右の詩（「友達」）を提示する。詩の範読をした後，次の発問をする。

友達

困った時，助けてくれたり
自分の事のように心配して
相談に乗ってくれる
そんな友人が欲しい

馬鹿野郎,
友達が欲しかったら
困った時に助けてやり
相談に乗り
心配してやる事だ
そして相手に何も期待しない事
これが友達を作る秘訣だ

『ビートたけし詩集　僕は馬鹿になった。』
ビートたけし著（祥伝社黄金文庫）

発問４　あなたは，この学級の最高の仲間になれそうですか。

次の４段階で，今の自分を考えさせる。

なれそう ← 4　3　2　1 → 難しいかも

「難しいかも」と思っている子どもも，そのままでいいとは思っていないことを確認して発問する。

発問５　「最高の仲間だね」と思ってもらうために，何から始めますか。

発問３で出された考えを参考に，自分が意識していきたいことを書かせて授業を終える。

よい習慣を身につけよう

※1学期の中で第3章の小さな道徳授業案を効果的に活用し,子どもたちによりよい習慣を身につけさせていきましょう。

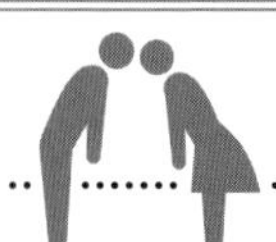

よい習慣を身につけよう

1. 好意が伝わるあいさつ

ねらい 好意が伝わるあいさつをすることは大切なことであることに気づき，よいあいさつをしようとする意識を高める。

関連する主な内容項目　B 礼儀

小学校低学年
小学校中学年
小学校高学年
中学校

人生のパスポートとは

授業開始と同時にパスポートの写真（または実物）を見せる。「パスポートだ！」という声を受けて「全世界共通の身分証明書」であることを説明した後，「こんなことを言っている人がいます」と言って，次の言葉を提示する（「あいさつ」と「お辞儀」は空欄にする）。

> あいさつとお辞儀は人生のパスポートです
>
> 毎日新聞2005年3月18日付，以下同

人生のパスポートとは，「ちゃんとした人であることを一生証明してくれるもの」という意味であると説明して発問する。

発問1 空欄に入る言葉は何ですか。

なかなか言葉が出ない場合には，「お辞儀」だけ知らせ，もう1つの言葉を考えさせる。次のような考えが出されるだろう。

・思いやり
・笑顔
・優しさ
・感謝

出された考えを共感的に受け止めた後，空欄に入る言葉は，「あいさつ」と「お辞儀」であることを伝える。

なぜ人生のパスポートなのか

「あいさつとお辞儀は人生のパスポートです」という言葉を音読させる。礼儀の研究をしている岩下宣子さんという人の言葉であることを知らせた後，発問する。

発問2 なぜ「あいさつ」と「お辞儀」が人生のパスポートなのですか。

自分の考えを書かせた後，となり同士で話し合わせる。相手の考えから学んだことを付け加えさせた後，何名かに発表させる。

次のような考えが出されるだろう。

・気持ちのよいあいさつをすると，されたほうはうれしくなるから。
・丁寧なお辞儀をすると，礼儀正しい人だと思われるから。
・あいさつやお辞儀がちゃんとできる人は信用されるから。

それぞれの考え方のよさについてコメントしながら発表を受け止めていく。

人生のパスポートを持つためには

発問３ あなたは，人生のパスポートを持っていると思いますか。

４段階で自己評価させる。

４ 持っている ３ 少し持っている

２ あまり持っていない １ 持っていない

それぞれの段階の子どもから１～２名ずつ理由を発表させる。

４ いつも元気よくあいさつしているから。

３ あいさつはいいと思うけどお辞儀がもう少しだから。

２ お辞儀をきちんとしたことがないから。

１ 自分からあいさつできていないから。

それぞれの理由を受け止めた後，「岩下さんは，あいさつするときに大切なことは，これだと言っています」と言って「好意」という言葉を板書する。

発問４ どういうことでしょうか。

考えを何人かに発表させた後，岩下さんの言葉を紹介する。

> 好意をもってくれていると感じる相手には，好意をもつものです。このため「あなたに好意をもっています」というメッセージを込めて笑顔を送ることが大切です

「こんなメッセージを込めてあいさつをしていた人？」と問う。挙手はほとんどないだろう。「これからのみなさんのあいさつが楽しみです」と言って授業を終える。

➡p.54 コラム １時間の道徳授業に発展

	授業の活用場面
○	A 朝の会・帰りの会
○	B 学年集会・全校朝会
	C 行事の前後
○	D 複数の組み合わせ
○	E １時間の道徳授業の導入・終末

【授業の流れ】

教材の提示	空欄にした言葉の提示
発問１	空欄に入る言葉は何か？
発問２	なぜ「あいさつ」と「お辞儀」が人生のパスポートなのか？
話し合い	となり同士
発問３	人生のパスポートを持っているか？
自己評価・理由の発表	４段階の自己評価
教材の提示	「好意」という言葉の提示
発問４	どういうことか？
教材の提示	岩下さんの言葉を紹介

［５分でできる！］
「あいさつとお辞儀は人生のパスポートです」という言葉を提示した後，発問３をして，自分のあいさつやお辞儀を振り返らせ，最後に岩下さんの言葉を紹介する。

教材発見・活用のコツ

あいさつは，元気よく大きな声ですればよいと考えている子どもは多い（教師にも多くいるかもしれない）。そこで，現代礼法研究所の岩下宣子さんのあいさつの考え方を学ばせたいと考えて教材化した（「マナーは社会人への第一関門―あいさつ」毎日新聞2005年３月18日付）。

「あなたに好意を持っています」というメッセージを込めることが大切であることを意識した子どもたちのあいさつは，少しずつ変容していくはずである。

（鈴木健二）

よい習慣を身につけよう

2. ハガキでごめんなさい

ねらい 素直に「ごめんなさい」が言えるようになりたいという意識を高める。

関連する主な内容項目　B 友情，信頼

小学校低学年
小学校中学年
小学校高学年
中学校

何のハガキ？

授業開始と同時に，ポスター中央の謝っているハガキのイラストだけを提示する。子どもたちは「ハガキだ！」「何か謝っているみたいに見える」などと口々に言うだろう。

「ハガキでごめんなさい」実行委員会

「ハガキでごめんなさい」とは？

イラストへの興味が高まったところで，「このイラストにはこんな言葉がつけられていました」と言って，「ハガキでごめんなさい」という言葉を提示する。

「これは，後免町という地名（高知県南国市）にちなんで作られたポスターです」と言って発問する。

発問1 どうして「ハガキでごめんなさい」なのでしょうか。

となり同士で話し合わせた後，発表させる。

次のような考えが出されるだろう。

- ごめんなさいと直接言うことができなかったから。
- 「ごめんなさい」と言いたかったけど，どこかへ引っ越してしまったから。

考えを受け止めた後，「ポスターには，次のような言葉がありました」と言って，次の言葉を提示する。

> あの日言いそびれてしまった「ごめんなさい」。今，言いたいのに言えない「ごめんなさい」。そんな「ごめんなさい」を1枚のハガキに託して私たちの町「ごめん」に送ってください。

「どういうことかわかりますか」と問いかけ，何人かの子どもにポスターの意図を説明させる。

言いそびれてしまった「ごめんなさい」

発問２ **あなたには，言いそびれてしまった「ごめんなさい」や，言いたいのに言えない「ごめんなさい」がありますか。**

ある場合には○，ない場合には×を選ばせる。○を選んだ子どもの中から，発表してもよいという子どもに何人か発表させる。

次のような「ごめんなさい」が出されるだろう。

・友達とけんかして，自分のほうが悪かったのに，意地を張って「ごめんなさい」と言えなかった。
・お母さんに叱られたとき，「ごめんなさい」と言えなかった。

それぞれの思いを共感的に受け止めた後，発問する。

発問３ **素直に「ごめんなさい」と言うことができたら，どんないいことがありますか。**

まずは一人一人に考えさせた後，グループで交流して話し合わせる。グループで出された考えの中から学級全体に紹介したいものを発表させる。

次のような考えが出されるだろう。

・相手と仲直りできる。
・自分の気持ちがすっきりする。
・自分のことを見直してもらえる。

それぞれの考えの素晴らしさに共感して授業を終える。

授業の活用場面	
○	A　朝の会・帰りの会
○	B　学年集会・全校朝会
	C　行事の前後
○	D　複数の組み合わせ
○	E　１時間の道徳授業の導入・終末

【授業の流れ】

教材の提示	ハガキのイラスト部分
教材の提示	「ハガキでごめんなさい」という言葉
発問１	どうして「ハガキでごめんなさい」なのか？
教材の提示	ハガキ募集の趣旨
発問２	言いそびれてしまった「ごめんなさい」があるか？
発表	○を選んだ子どもから
発問３	素直に「ごめんなさい」と言うことができたら，どんないいことがあるか？
話し合い	個人→グループ→全体

［５分でできる！］
ポスターの中央のハガキのイラストと言葉を提示した後，募集の趣旨を知らせ，発問３をする。

教材発見・活用のコツ

誰にでも，言いそびれた「ごめんなさい」や言いたいのに言えない「ごめんなさい」がある。だから後免町では，「ハガキでごめんなさい」を募集している。南国市公式ホームページのトップページから「ハガキでごめんなさい全国コンクール」のコーナーに入ると，その詳細がわかる。

しかし，日常生活の中で，できれば自分の口で直接伝えたほうが，相手にも自分にもよい結果をもたらす可能性がある。少し勇気を出して「ごめんなさい」と言える子どもを育てたいと考え，授業プランを作成した。

（鈴木健二）

よい習慣を身につけよう

3．つい，うっかりの…

ねらい 気づかず周りの人へ迷惑をかけている場合があることに気づき，「つい，うっかり」をなくそうとする意識を高める。

小学校低学年
小学校中学年
小学校高学年
中学校

関連する主な内容項目　B 親切，思いやり・礼儀
（中学は，思いやり，感謝・礼儀）

「つい，うっかりの…」

授業の始まりとともに「つい，うっかりの…」と板書し，発問する。

発問１ 「つい，うっかりの…」という言葉，どんなときに使いますか。

・つい，うっかり忘れものをしてしまう。
・つい，うっかり時間を間違えて遅刻する。
・つい，うっかり物を落としてしまう。
などの意見が出されるだろう。

ある程度意見を聞いたところで，「『つい，うっかりの…』という場面が描かれているポスターを駅で見つけました」と言って，ポスターのイラスト部分を提示する。

「このポスターは，どんな『つい，うっかりの…』なんだろう」と聞き，となり同士のペアで，どんな「つい，うっかりの…」が描かれているのかを見つけさせる。

その後，全体でポスターにある場面がどんな場面か共有する。
・後ろにいる人に気づかず，ついうっかり通せんぼをしている。
・本を読んでいて，ついうっかり後ろの人に気づかず，通せんぼをしている。

といった意見が出るだろう。そこで，子どもたちの意見を受け止めながら，ポスターの下部に書かれている言葉を紹介する。

つい，うっかりの通せんぼ。
譲り合って，スムーズに。

そして，「前にいる２人は，後ろの人に迷惑をかけていることに気づいているのかな」と問いかけることで，「ついうっかりということは，後ろの人に迷惑をかけていることに

気づいていない」ことを全体で共有できるようにする。

マナーはココロ

「実は，このポスターには続きがあります」と言って，ポスターの全体を提示し，上部に書かれている

マナーはココロ

という言葉を音読させる。
そして，発問する。

発問２ **２人には，どんなココロが足りなかったのでしょうか。**

自分の考えを書かせた後，となり同士で話し合わせる。その後，何名かに発表させると，次のような考えが出されるだろう。
・後ろの人がいることを考えて行動しようとするココロ
・周りの人のことを考えるというココロ
・自分が邪魔になっていないかなと周りの人に対して気遣うココロ

意見が出つくしたところで，自分たちの身近な問題として考えさせるため，次の発問をする。

発問３ **この学校・学級で「つい，うっかりの…」と呼びかけたいことはありますか。**

となり同士やグループで相談させながら，「つい，うっかりの…」の後に続く言葉やイラストを考えさせる。全体で紹介させた後，振り返りを書かせて授業を終える。

授業の活用場面	
○	A　朝の会・帰りの会
○	B　学年集会・全校朝会
	C　行事の前後
○	D　複数の組み合わせ
	E　１時間の道徳授業の導入・終末

【授業の流れ】

教材の提示	「つい，うっかりの…」板書
発問１	どんなときに使う？
教材の提示	ポスターのイラスト
発表	となり同士→全体
教材の提示	マナーはココロ
発問２	２人には，どんなココロが足りなかった？
話し合い	となり同士
発問３	この学校･学級で「つい，うっかりの…」と呼びかけたいことは？
書く	考えを記入（振り返り）
［５分でできる！］ポスターを紹介した後，発問２をする。最後に，自分たちの周りにある「つい，うっかりの」場面を振り返らせる。	

教材発見・活用のコツ

このポスターは，故意に迷惑をかけているのではなく，「つい，うっかり」相手に迷惑をかけている場面を取り上げている。

「つい，うっかり」であっても，周りの人に迷惑をかけないようにするためにはどうしたらよいのかを，子どもたちと一緒に考えていきたい。

また，子どもたちが考えた「つい，うっかりの…」の後に続く言葉やイラストは，授業後に学級通信で紹介したり，教室に掲示したりして，意識を継続させる。

（平井百合絵）

よい習慣を身につけよう

4.「誰かが」じゃなく,「自分が」

ねらい 「自分が」できる行動も「誰か」に頼ってしまうときがないかを振り返り,「自分が」行動しようとする意欲を高める。

関連する主な内容項目　B 親切,思いやり(中学は,思いやり,感謝)

小学校低学年
小学校中学年
小学校高学年
中学校

どんなポスター?

授業開始と同時に,ポスターのイラストのみを提示し,「これはあるポスターに描かれていたイラストです」と説明した後,発問する。

大阪府平成26年度「障がい者週間のポスター」中学生部門　最優秀賞作品

発問1 ポスターにはどんな言葉が書かれていると思いますか。

次のような意見が出されるだろう。

・お年寄りに席を譲りましょう。
・優先席じゃなくても立ちあがろう。
・あなたの優しさが笑顔につながります。
・勇気をもって手をあげよう。
・わたしが譲ります!

数名に発表させた後,「実はこんな言葉が書かれていたのです」と言って,ポスターの全体を提示する。

「このポスターを描いた人は,どんなことを伝えたかったのかな?」と問いかけながら,「誰かに頼るのではなく自分から行動する人が増えてほしい」「『誰かが』と思っている人が多いと結局誰も何もしない」など,この言葉に込められた思いを考えさせる。

「誰か」に頼りたくなるときとは?

ポスターが伝えたいことは何かを全体で共有した後,「でも,『誰か』に頼ってしまうときってない?」と投げかけると,「たしかにあるかも」と反応する子もいるだろう。そこで,次の発問をする。

発問2 どうして「誰か」に頼りたくなってしまうのでしょうか。

自分の考えを書かせた後,となり同士で話

し合わせる。その後，数名に発表させる。次のような意見が出るだろう。
・周りにも人がいると「誰かが」やってくれるだろうと思う。
・周りの目が気になって恥ずかしさがあると，「誰か」に頼ってしまう。
・自分じゃなくてもいいかなと思うと,「誰か」に頼ってしまう。
・自分だとなかなか勇気を出して声をかけられないときに，「誰か」に頼ってしまう。

どんなときにこの言葉が必要？

ある程度意見が出つくしたところで，このポスターが伝えたかったことを振り返りながら，次の発問をする。

発問３　あなたはどんなときにこの言葉を思い出したいですか。

一人１つ以上書かせた後，グループで発表させる。グループで出た中で「これはみんなにも紹介したい」と思う場面を選ばせ，全体で発表させる。すると，次のような場面が出されるだろう。
・電車で席を譲ったほうがいいと思ったとき
・道がわからなくて困っている人がいたとき
・学校や通学路で，ゴミが落ちているのに気がついたとき
・「～をやってくれる人？」と頼まれたとき

ここでは，ポスターにあるような公共の場で誰かが困っているときに手伝う場面が多く出るだろう。そこで,「学校生活ではあるかな？」と問いかけ,「誰かがやってくれるだろう」と人任せにしてしまう場面も取り上げながら全体で共有し，授業を終える。

	授業の活用場面
○	A　朝の会・帰りの会
○	B　学年集会・全校朝会
○	C　行事の前後
	D　複数の組み合わせ
○	E　１時間の道徳授業の導入・終末

【授業の流れ】

教材の提示	ポスターのイラスト
発問１	どんな言葉が書かれているか？
発表	数名
教材の提示	ポスター全体
発問２	どうして「誰か」に頼りたくなってしまうのか？
話し合い	となり同士
発問３	どんなときにこの言葉を思い出したいか？
発表	グループ→全体

［５分でできる！］
ポスターを紹介し，発問２を考えさせる。最後に「どんなときに思い出したいですか」と問いかけ，授業を終える。

教材発見・活用のコツ

人は集団になると,「自分一人だけではない」「誰かがやってくれるだろう」という心理効果が働くことがある。また，イラストのような場面では，周りの目を気にして行動に移せない，恥ずかしいなどの感情も出てくるだろう。

そこで，どんなときに「誰か」を頼りにしてしまうのかを振り返らせる。そして，この言葉をどんな場面に生かしたいかを考えさせることで，今後は「自分が」行動しようとする意欲を高めたい。

（平井百合絵）

よい習慣を身につけよう

5. いい笑いと 悪い笑い

ねらい 笑いには「いい笑い」と「悪い笑い」があることに気づき，「いい笑い」を増やしていこうとする気持ちを高める。

小学校低学年
小学校中学年
小学校高学年
中学校

関連する主な内容項目　B 親切，思いやり（中学は，思いやり，感謝）

「いい○○」と「悪い○○」

下の写真は，ある学校の校長先生が校内に掲示した文章である。

授業の始まりとともに，「笑い」の部分を2カ所□で隠して提示し，発問する。

いい笑いは
幸せを呼ぶ
悪い笑いは
人を傷つける

発問1 □には，どんな言葉が入ると思いますか。

・行動　・言葉　・表情　・人間
・友達　・雰囲気

などの意見が出されるだろう。子どもたちの意見を共感的に受け止めた後，「実はこんな言葉が書かれていました」と言って，「笑い」という部分を提示し，全員で音読する。

「いい笑い」と「悪い笑い」の違いは？

発問2 同じ“笑い”なのに，いい・悪いがあるのでしょうか。

あると思えば○，ない・一緒だと思えば×を選ばせ，理由も書かせる。ほとんどの子どもが○を書くだろう。そこで，×の意見を聞いた後，○の理由を発表させる。

次のような考えが出されるだろう。

・いい笑いは，楽しいときやうれしいときだけど，悪い笑いは，人が悲しんでいるのをみて笑うとき。
・お笑い番組を見たときはいい笑いだけど，人の失敗を笑う，あおるような笑いは悪い笑い。
・みんなが楽しい，他の人も笑顔になるのはいい笑いで，人が傷ついたり，バカにされるような笑いは悪い笑い。

いい笑いと悪い笑いの違いを発表する子どもが多いだろう。そこで，意見を聞きながら「今の意見どう思う？」などと切り返し，いい笑いと悪い笑いの違いについて，板書で対比させながら，全体で共有できるようにする。

今の自分（学級）は，どちらが多い？

今の自分と学級の様子を，それぞれ振り返らせるために，２つの円を描かせて次の発問・指示をする。

発問３ **今の自分や学級は，どちらの“笑い”が多いですか。円グラフに表してみましょう。**

円グラフの描き方について補足説明しながら，今の自分と学級の状況について振り返らせる。円を４等分に分け，いい笑いをどれくらいの割合にしたのか，挙手により人数を確認し，円グラフの周りに記入する（いい笑いが４分の１以下ならAに挙手。いい笑いが４分の１以上２分の１以下ならBに挙手。以下，C，D）。

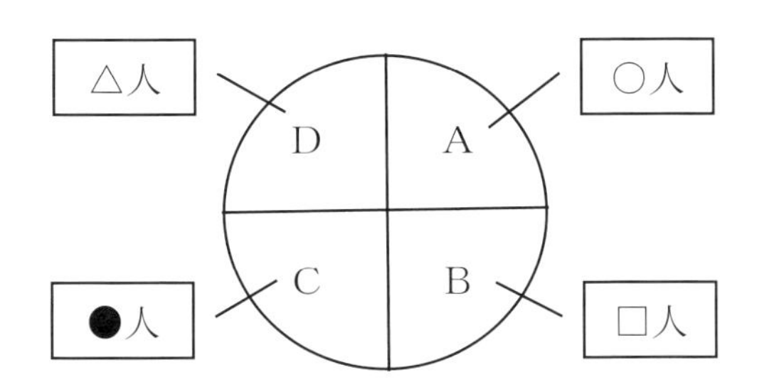

学級全体のとらえ方を共有した後，発問する。

発問４ **このクラスには，どちらの“笑い”が増えてほしいですか。**

全員が「いい笑い」を選ぶだろう。そこで，「じゃあ，いい笑いを増やすためにはどうしたらいいだろう」という視点で振り返りを書かせて，授業を終える。

授業の活用場面	
○	A　朝の会・帰りの会
○	B　学年集会・全校朝会
	C　行事の前後
○	D　複数の組み合わせ
○	E　１時間の道徳授業の導入・終末

【授業の流れ】

教材の提示	言葉の一部を隠して提示
発問１	□にどんな言葉が入る？
教材の提示	言葉の全体を提示
発問２	同じ“笑い”なのに，いい・悪いがあるのか？
書く	○か×か考えを記入
発問３	自分や学級はどちらの“笑い”が多いか？
話し合い	となり同士やグループ
発問４	どちらの“笑い”が増えてほしいか？
［５分でできる！］ 文章を紹介した後，発問２をして，いい笑いと悪い笑いについて議論させる。	

教材発見・活用のコツ

教材となった文章は，同じ“笑う”という行為でも，幸せを呼ぶ“笑い”と，人を傷つける“笑い”があることに気づかされる言葉である。

一歩踏み込んで考えられるようにするために，発問２でいい笑いと悪い笑いの違いを考え，議論させる。子どもたちの発言を受け止めながら，「本当にそれもいい笑いなのかな？」「みんなが笑っているなら，それは絶対にいい笑いなのかな？」などと切り返すことで，いい笑いと悪い笑いの違いについて，深く考えることができるようにしたい。

（平井百合絵）

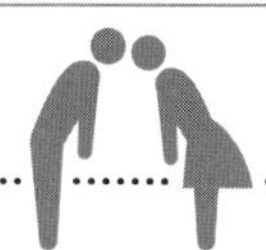

よい習慣を身につけよう

6. 忘れ物をしないコツ

ねらい 忘れ物をしないコツの貼り紙から学んで，自分たちも忘れ物をしないように工夫していこうとする意識を高める。

関連する主な内容項目　A 節度，節制

小学校低学年
小学校中学年
小学校高学年
中学校

どんなコツ？

授業開始と同時に次の数字を提示する。

327229本

「これは駅に関係する数字です。いったい何だと思いますか」と問いかけ，興味を高める。予想をあれこれ発言させたところで，ある年の全国の駅で忘れられた傘の本数であることを知らせる。

「駅には傘以外にも，携帯電話や手袋など，いろいろな忘れ物がたくさんあって駅員さんも困っているようです。ある駅にはこんな貼り紙がありました」と言って，次の言葉を提示する（「お忘れ物をしないコツ！」以外の言葉はぼかしておく）。

お客さまへ
お忘れ物をしないコツ！
席を立ったらそのままドアに向かうのではなく，
座っていた席，網棚の上を
振り返って見ましょう。
そこには傘が，携帯が，カバンが。
「席を立ったら振り返る」を習慣付けてはいかがでしょう。

子どもたちが興味をもったところで，次の発問をする。

発問1 どんなコツが書いてあるのでしょうか。

個人で3つくらい考えさせた後，近くの3～4人で交流させる。次のような考えが出されるだろう。

・手から離さないようにする。
・持ってきた物は一つにまとめておく。
・降りる駅が近づいてきたら自分が持ってきた物を確認する。

貼り紙の言葉のよいところは？

さまざまな考えが出されたところで，貼り紙の全文を提示して範読し，発問する。

発問2 この貼り紙の言葉のどんなところがいいと思いますか。

次のような考えが出されるだろう。

・どんな行動をしたらいいか詳しく書いてある。
・どこを見たら忘れ物をなくすことができる

か書いてある。
・どんな習慣を身につければいいか，書いてある。

出された考えをもとに，貼り紙の言葉のいいところを共有する。

自分が忘れ物をしないコツは？

「学校に来るとき，自分は絶対忘れ物をしないという自信がある人はいますか」と問いかけたら，自信があると答える子どもはほとんどいないだろう。

そこで次の発問をする。

発問３　私たちが，できるだけ忘れ物をしないようにするコツはあるのでしょうか。

ほとんどの子どもは「ある」と答えるだろう。その答えを受けて，忘れ物をしないコツを一人３つ以上考えさせる。

その後，グループで交流させ，学級全体に紹介したいコツを発表させる。

次のようなコツが出されるだろう。
・前の日の夜に，次の日に持っていく物を確認する。
・準備する物を学校できちんとメモして，友達と確認する。
・名札や帽子などは，鞄の上に置いておく。
・朝，家を出る前に持っていく物を確認する。

出されたコツの中から，自分が取り組んでいきたいものを選ばせ，カードに書かせて授業を終える。

忘れ物をしないコツ
取り組みカード
名前（　　　）

授業の活用場面	
○	A　朝の会・帰りの会
○	B　学年集会・全校朝会
	C　行事の前後
○	D　複数の組み合わせ
○	E　１時間の道徳授業の導入・終末

【授業の流れ】

教材の提示	駅の貼り紙の言葉（一部ぼかしたもの）の言葉
発問１	どんなコツが書いてあるか？
教材の提示	貼り紙の言葉を全文
発問２	この貼り紙の言葉のどんなところがいいと思うか？
発表	学級全体
発問３	忘れ物をしないようにするコツはあるか？
話し合い	個人→グループ→全体

［５分でできる！］
貼り紙の言葉の全文を提示した後，発問３をする。

教材発見・活用のコツ

愛知県のある駅で発見した貼り紙である。

「お忘れ物をしないコツ！」という言葉と具体的な行動が記述されていることが印象に残った。

普通の貼り紙は，「忘れ物はありませんか？」などと呼びかけているだけで，具体的な行動までは言及していないことが多い。しかし，ここまで具体的に提案されるとやってみようという気持ちになってくる。

そこで，この貼り紙を活用した授業が，忘れ物を減らすための習慣を子どもたちに身につけさせることに役立つのではないかと考え，授業プランを作成した。

（鈴木健二）

よい習慣を身につけよう

7. 気づけばありがとうでいっぱい

ねらい 見過ごしている「ありがとう」がたくさんあることに気づき，常に感謝する心を大切にしようとする意識を高める。

関連する主な内容項目 B 感謝（中学は，思いやり，感謝）

小学校低学年
小学校中学年
小学校高学年
中学校

毎日は○○でいっぱい

授業開始と同時に「こんなポスターがありました」と言って提示する（言葉は隠しておく）。

「ありがとうを贈ろう。」キャンペーンポスター（一部分）（平安閣グループ）

その後，「ハートの中にこんな言葉が入っていました」と言って提示する（「気づけば」と「ありがとう」は空欄）。

「２つめの空欄にはどんな言葉が入ると思う？」と問いかける。子どもたちは，自分の日常を振り返りながら，「勉強でいっぱいだ」「遊びでいっぱいだ」というような意見を出すだろう。意見が出つくしたところで，「ありがとう」が入ることを伝える。

少し間をおいて「この言葉の最初にはこう書いてありました」と言って，「気づけば」という言葉も提示する。

気づいていない「ありがとう」に気づく

発問１ なぜ「気づけば」という言葉がついているのでしょうか。

個人で考えさせた後，グループで話し合わせる。「なるほど」と感じた意見を各グループから発表させる。

- 毎日は「ありがとう」でいっぱいだということに気づかせるため。
- 気づいていない「ありがとう」に気づかせるため。
- 気づこうとしたら，もっとたくさんの「ありがとう」に気づけることを教えるため。

子どもたちの考えを受けて，「なぜ，私たちは，ありがとうと感謝する場面に気づけないことがあるんだろうね。どうしたら気づけるんだろうね」と問いかける。

グループで相談させ，意見がまとまっているかを確認する。

いくつかグループを指名して発表させる。「誰かにやってもらうことを当たり前に思っているから気づけないんじゃないかな」「小さなありがとうは，感謝しなくていいと思っているから，気づけないんじゃないかな」などの考えが出されるだろう。ありがとうに気づけない理由を考えさせた後，発問する。

発問２　毎日の中で，気づけていない「ありがとう」はありませんか。

個人で考えさせた後，グループで交流させる。学級全体に紹介したい考えを各グループから発表させる。

・毎日，家族のために家事をしてくれているお母さんへのありがとう。
・先生に授業をしてもらっていることへのありがとう。
・遊びに誘ってくれる友達へのありがとう。

それぞれの考え方のよさについてコメントしながら発表を受け止めていく。

毎日の「ありがとう」に気づくよさ

発問３　「毎日が『ありがとう』でいっぱいだ」と気づいているのと気づいていないのとでは，何か違いがあるのでしょうか。

「違いがある」「違いがない」のどちらかを選ばせ，その理由を書かせる。少数派から発表させる。おそらく「違いがある」という意見がほとんどだろう。

・小さなありがとうに気づけば，相手に感謝の気持ちを伝えることができる。
・自分を大切にしてもらっているように思えるようになるから，自分も誰かを大切にしてあげようという気持ちになる。

最後に感想を書かせて授業を終える。

授業の活用場面	
○	A　朝の会・帰りの会
○	B　学年集会・全校朝会
	C　行事の前後
○	D　複数の組み合わせ
○	E　１時間の道徳授業の導入・終末

【授業の流れ】

教材の提示	広告の写真と言葉の提示
発問１	なぜ「気づけば」という言葉がついているのか。
話し合い	個人→グループ→全体
発問２	気づけていない「ありがとう」はあるか？
話し合い	個人→グループ→全体
発問３	気づいているのと気づいていないのとでは，違いがあるか？
発表	違いがある，ないの理由

［５分でできる！］
広告を提示して，発問１を軽く考えさせた後，発問２をする。

教材発見・活用のコツ

私たちは多くの人々に支えられて生きている。そのことを意識すれば，支えられている場面はすべて感謝をすべき場面であることに気づくはずである。

今回教材として使用したポスターは，身近な人や当たり前のように支えてくれている人への感謝の心に気づかせてくれる教材である。

この授業によって，子どもたちは気づいていない「ありがとう」に気づき，感謝の心を大切にして生活するようになるはずである。

（猪飼博子）

https://arigatou.heiankaku.co.jp/past/2020.html
平安閣グループ
2020-2021「ありがとうを贈ろう。」キャンペーン

よい習慣を身につけよう

8. あなたのマナー，いいカンジ!?

ねらい 周りに迷惑をかけているイラストをもとに自分のマナーを見直し，「いいカンジ」にしたいという意識を高める。

関連する主な内容項目　B 礼儀

小学校低学年
小学校中学年
小学校高学年
中学校

伝えようとしていることは？

授業開始と同時に，下のポスターのイラスト部分を提示して発問する。

発問1 このイラストは，あるポスターに使われているのですが，どんなことを伝えようとしているのでしょうか。

次のような考えが出されるだろう。

・声という文字が大きく書いてあるので，しゃべっている声が大きすぎるということを伝えようとしている。
・おしゃべりする人の声の大きさに気をつけよう。
・周りの人のことを考えておしゃべりしよう。

これらの考えを受けて，「車内での会話は，声の大きさにご注意ください」という部分を提示する。

アドバイスをするなら？

「このポスターには，こんな言葉もありました」と言って次の部分を提示する。

あなたのマナー，
いいカンジ!?

発問2 中央にいる2人のマナーが「いいカンジ」になるように，どんなアドバイスをしたらいいですか。

まずは一人一人に書かせた後，グループで交流させ，学級全体に紹介したいアドバイスを発表させる。次のような考えが出されるだろう。

・自分たちに聞こえるくらいの声の大きさにしませんか。
・周りの人の様子を見てみましょう。
・あなたたちだけが乗っているのではありませんよ。

それぞれ，とてもよいアドバイスになっていることを伝える。

学級のマナー，いいカンジ！？

発問３ **誰かがこの学級を見たら，「いいカンジ」と言ってもらえる自信がありますか。**

自信があるかないかを４段階で評価させ，理由を書かせる。

４　自信がある　　３　少し自信がある
２　あまり自信がない　１　全然自信がない

挙手させて人数を確認する。１や２を選んだ子どもに理由を発表させる。次のような考えが出されるだろう。

・朝，あいさつをしない人がいる。
・休み時間に騒いでいる人がいる。
・給食時間，食べるマナーがよくない人がいる。
・トイレのスリッパを並べない人がいる。
・廊下を走る人がいる。
・廊下を広がって歩く人がいる。

出された中から，「あなたのマナー，いいカンジ」と言ってもらえるようにするために，自分が意識していきたいマナーを３つ選ばせ，「めざせ，いいカンジ！カード」に書かせて授業を終える。

授業の活用場面	
○	A　朝の会・帰りの会
○	B　学年集会・全校朝会
○	C　行事の前後
○	D　複数の組み合わせ
○	E　１時間の道徳授業の導入・終末

【授業の流れ】

教材の提示	ポスターのイラスト
発問１	イラストは何を伝えようとしているか？
教材の提示	ポスター下段の言葉と上段の言葉
発問２	どんなアドバイスをするか？
話し合い	個人→グループ→全体
発問３	「いいカンジ」と言ってもらえる自信があるか？
自己評価と理由の発表	４段階で自己評価
作業	カードに記入
［５分でできる！］ポスターのイラストを提示して「いいカンジ」の車内か問いかけた後，発問３をする。	

教材発見・活用のコツ

東京の地下鉄で見かけたポスターである。「あなたのマナー，いいカンジ!?」は，自分のマナーを客観的にとらえ直すために効果のある問いかけである。

このポスターを活用して，学級における自分のマナーが「いいカンジ」になるようにしたいという意識を高めさせようと，授業プランを作成した。

授業後は，子どもたちが書いた「めざせ，いいカンジ！カード」を掲示したり，マナーのよい子どもに「いいカンジだね」と声をかけたりして浸透させていきたい。

（鈴木健二）

コラム　1時間の道徳授業に発展

「1.好意が伝わるあいさつ」(p.38~39)の授業

あいさつのポイントを板書する

「1．好意が伝わるあいさつ」(p.38 ~ 39)の授業を1時間の道徳授業に発展させる場合には，次のように展開していく。

39ページの発問4を問うて岩下さんの言葉［　　　］を紹介した後，あいさつのポイント1・2を整理して右のように板書する。そして，次のように発問をする。

発問5　**岩下さんは，あいさつするときにもう1つ大切なポイントがあると言っています。それは何でしょうか。**

予想を発表させた後，ポイント1・2と並べて次のように板書する。「わかった！」という子どもがいれば発表させ，ポイント3について次のように伝える。

「ポイント3は，お辞儀の前後には相手と目を合わせるようにするということです。この3つのポイントを意識してあいさつできるようになったら，これから先，どんなところに行っても，人生のパスポートとして活用できそうですね」

あいさつの練習をする

3つのポイントが意識できたところで，「人生のパスポートを手に入れる練習をしてみましょう」と言って，活動①を行う。

活動①　4人グループで相手を変えながらあいさつする。

教師は，あいさつの様子を見ておいて，素敵なあいさつをしていた子どもを何人か紹介した後，活動②を行う。

活動②　学級内を自由に歩き回って，5人にあいさつする。

最後に，授業で学んだことを書かせ，「これからのみなさんのあいさつが楽しみです」と言って授業を終える。

よりよい人間関係をつくろう

※1学期の中で第4章の小さな道徳授業案を実施し，学級のよりよい人間関係をつくっていきましょう。

よりよい人間関係をつくろう

1．やさしさは みんなにおくる プレゼント

ねらい 優しい言動は，された人だけでなく，見ていた人や優しくした自分自身の心も温かくすることに気づく。

関連する主な内容項目　B 親切，思いやり・感謝
（中学は，思いやり，感謝）

小学校低学年
小学校中学年
小学校高学年
中学校

どんな言葉が入る？

人権啓発ポスター（名古屋市・名古屋市教育委員会・愛知人権啓発活動ネットワーク協議会）

授業開始と同時に「みんな」を空欄にしたポスターを提示し，どんな言葉が入るか予想させる。

次のような言葉が出されるだろう。

・あなた
・友達
・困っている人

「みんな」に贈られるの？

「みんな」という言葉が入ることを知らせて発問する。

発問１ 優しくされた人だけに贈られるプレゼントではないでしょうか。

優しくされた人だけだと思えば○，優しくされた人だけではないと思えば×を選ばせ，理由を考えさせる。

次のような考えが出されるだろう。

【○派】
・優しくされた人が一番うれしいから。
・優しくされていなければ何も感じないから。

【×派】
・優しくしている人を見るとうれしい気持ちになるから。

「みんな」の意味を考える

考えが出されたところで，「先生はこのポスターを見てこんなことを考えました」と言って，ポスターの周りに次ページのように図示する。図をもとに，どういうことか，となり同士で話し合いをさせる。

となり同士で交流させた後，友達の考えから学んだことを付け加えさせて発表させる。次のような考えが出されるだろう。

・優しくされた人や見ていた人から誰かに伝わって，聞いた人も温かい気持ちになる。
・優しくした自分も喜んでくれた相手を見てうれしくなる。
・優しくされた人や見ていた人，聞いた人も誰かに優しさのプレゼントをするようになる。

プレゼントした優しさは？

発問２　あなたは，最近どんな優しさをプレゼントしましたか（されましたか）。

少し考えさせた後，発表させる。次のような優しさが出されるだろう。

〈プレゼントした優しさ〉
・困っている友達に声をかけた。
・頼まれたことを気持ちよく引き受けた。

〈プレゼントされた優しさ〉
・係の仕事をしていたら手伝ってくれた。

発表を聞いて心が温かくなったことを伝えて授業を終える。

授業の活用場面	
○	A　朝の会・帰りの会
○	B　学年集会・全校朝会
	C　行事の前後
○	D　複数の組み合わせ
○	E　１時間の道徳授業の導入・終末

【授業の流れ】

教材の提示	言葉の一部を空欄にしたポスター
教材の提示	「みんな」という言葉
発問１	優しくされた人だけに贈られるプレゼントではないか？
発表	○か×か
教材の提示	図示
話し合い	となり同士
発問２	最近どんな優しさをプレゼントしたか（されたか）？
発表	全体
［５分でできる！］ポスターの空欄に「みんな」という言葉が入ることを知らせた後，発問２をする。	

教材発見・活用のコツ

優しさは，優しくされた人だけがうれしい気持ちになると考えがちだが，このポスターでは「やさしさは みんなにおくる プレゼント」という考え方を提示している。

「みんな」を広くとらえることによって，「優しさ」についての新たな認識の変容を促したいと考えて教材化した。

学級で子どもたちが優しさを発揮している場面を発見したら全体で共有して，このポスターの言葉を浸透させていきたい。

※「やさしさは みんなにおくる プレゼント」の標語は，第 47 回人権を理解する作品コンクール 標語の部 最優秀賞 名古屋市立牧の池中学校１年 山岸由芽さんの作品です。

（鈴木健二）

よりよい人間関係をつくろう

2. 思いやりのパス交換を！

ねらい 思いやりはパス交換できることに気づき，たくさんのパスを出していきたいという気持ちを高める。

小学校低学年
小学校中学年
小学校高学年
中学校

関連する主な内容項目　B 親切，思いやり（中学は，思いやり，感謝）

何のパス交換？

画像提供：愛知県

「あるポスターにこんな言葉がありました」と言って，サッカー選手の写真と「思いやりのパス交換を！」の言葉の部分を「思いやり」を空欄にして提示する。

ヘルプマークに着目した子どもたちからは，次のような考えが出されるだろう。

・助け合い
・優しい言葉かけ
・困っている人へ

それぞれの考えを受け止めて，「思いやり」であることを知らせる。

パス交換できる？

発問１ 思いやりは，パス交換できるのでしょうか。

「できる」と思えば○，「難しい」と思えば×を選ばせ理由を考えさせる。多くの子どもは，以下のような理由で「できる」を選ぶだろう。

・誰かに思いやりのある行動をしたら，パスをしたことになるから。
・思いやりのパスをされた人は，誰かにパスしたくなるから。
・思いやりのパスをしたら，それが広がっていくから。

うれしかったパスは？

多くの子どもたちがパス交換できると考えていることを確認した後，発問する。

発問２　あなたがうれしかったパスは，どんなパスですか。

自分の経験を思い出させて「うれしかったパス」を３つ以上書かせ，何人かに発表させる。次のようなパスが出されるだろう。

・算数の問題が解けなくて悩んでいたら，ヒントを出してくれた。
・友達とケンカして落ち込んでいたら，声をかけてくれた。
・一人でぽつんとしていたら，一緒に遊ぼうと言ってくれた。

「とてもうれしいパスを受け取っていますね」と言って共感する。

どんなパスを出したいか？

たくさんのうれしいパスを受け取っていることを確認した後，発問する。

発問３　あなたはこれからどんなパスを出していきたいですか。

３つ以上書かせてグループで交流させた後，学級全体に紹介したいパスを各グループから発表させる。

・誰にでも明るくあいさつする。
・自分よりも相手のことを考えて行動する。
・注意するときは，優しく声をかける。
・困っている人がいたら積極的に手を差し伸べる。

出された中から，自分が特に意識していきたいパスを３つ選ばせてカードに書かせ，授業を終える。

➡p.72 コラム　１時間の道徳授業に発展

授業の活用場面	
○	A　朝の会・帰りの会
○	B　学年集会・全校朝会
○	C　行事の前後
○	D　複数の組み合わせ
○	E　１時間の道徳授業の導入・終末

【授業の流れ】

教材の提示	サッカー選手の写真と言葉（一部空欄）
発表	全体
発問１	思いやりはパス交換できるか？
話し合い	○か×か
発問２	うれしかったパスは，どんなパスか？
発表	何人か
発問３	これからどんなパスを出していきたいか？
話し合い	グループ→全体
書く	カード

［５分でできる！］
サッカー選手の写真と言葉を提示して空欄に入る言葉を考えさせた後，発問３をして話し合わせる。

教材発見・活用のコツ

「思いやりのパス交換を！」という言葉に惹かれて教材化した。思いやりのパスを受け取るとうれしいし，自分も誰かに思いやりのパスを出したくなる。そのような思いやりのパスの連鎖ができるようになると，学級の人間関係はよりよいものになっていく。

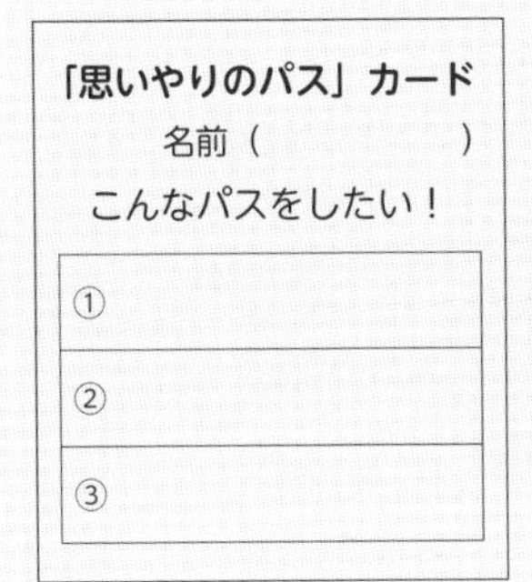

「思いやりのパス」カード
名前（　　　　　　）
こんなパスをしたい！

①
②
③

カードは，掲示して意識の持続を図るとともに，思いやりのパスを受けたら学級全員に伝える活動にも取り組んでいくとよい。

（鈴木健二）

よりよい人間関係をつくろう

3. ちびしかくちゃん

ねらい 失敗や間違いの受け止め方，言葉のかけ方が暮らしやすさにつながることに気づき，自分の言動を見直す意識を高める。

関連する主な内容項目　C よりよい学校生活，集団生活の充実

小学校低学年
小学校中学年
小学校高学年
中学校

どんなお話？

授業開始と同時に，次の表紙を提示する（「しかく」という文字と，「しか子」の顔は隠しておく）。

『ちびしかくちゃん』【1】さくらももこ 著（集英社）
© MOMOKO SAKURA

ほとんどの子どもは，「ちびまる子ちゃんだ」と口々に言うだろう。そこで「ちびしかくちゃん」であることを知らせると子どもたちは驚くだろう。興味が高まったところで，裏表紙に載っている下の文章を紹介する。

> 本家よりも“何かと角が立つ”のが「しかくちゃん」…世知辛い世間を生き抜く，「しか子」をみんなで応援しよう！
>
> 上掲書，裏表紙より，一部転載

「しかく」，「角が立つ」，「世知辛い」というキーワードを板書に整理し，「どんなお話なのかな」と内容を想像させる。読みたいという気持ちが高まったところで，「ちびしかくちゃん」の第1話の冒頭2ページを1コマずつ提示して読み聞かせる。

前掲書，「その1【お父さんのパンツ】の巻」p.2より
© MOMOKO SAKURA

どこが“世知辛い”？

読み聞かせた後，冒頭2ページ全体を提示して問う。

> **発問1** どこが世知辛い（暮らしにくい）のですか？

気になったコマやセリフについてとなり同士で考えを交流させてから発表させる。次のような意見が出されるだろう。
・しか子の間違いを笑っているところ
・しか子の間違いを広めているところ
・「信じられないね」という言葉
・一人を笑い者にする学級の雰囲気
それぞれの意見を受け止めて発問する。

発問２ この話を「まるく」することはできるでしょうか。

マンガのどのコマのどの部分を変えるとまるくなるか，グループで話し合わせた後，発表させる。
出された考えをもとに「世知辛い」「しかくい」教室の判断条件と「暮らしやすい」「まるい」教室の判断条件を板書に整理していく。

自分たちの教室は？

発問３ この教室は「しかくい」ですか，「まるい」ですか。

「しかく」だと思えば「１」を，「まるい」と思えば「４」を選ばせた後（「どちらかといえば」という意見の子は「２」と「３」を選ばせる）。挙手させて人数を確認し板書する。次のような考えが出されるだろう。
・がんばっている人を応援してくれる人が多いから「３」。
・誰かの間違いを笑ったり，冷やかしたりすることがあるから「２」。
最後に，「４」に近づけるために自分がこれから意識したいことを短冊に書かせて授業を終える。

	授業の活用場面
○	A　朝の会・帰りの会
○	B　学年集会・全校朝会
○	C　行事の前後
	D　複数の組み合わせ
○	E　１時間の道徳授業の導入・終末

【授業の流れ】

教材の提示	表紙（一部を隠す）と裏表紙の言葉
教材の提示	第１話の冒頭２ページを読み聞かせ
発問１	どこが世知辛いのか？
話し合い	となり同士→全体
発問２	この話を「まるく」することはできるか？
話し合い	グループ→全体
発問３	この教室は「しかくい」か「まるい」か？
話し合い	４段階で選んで意見を交流
［５分でできる！］ マンガの表紙と裏表紙の解説を提示して内容を想像させてから，マンガを読み聞かせ，発問３をする。	

教材発見・活用のコツ

１学期は人間関係がまだ定まっておらず，相手が自分の間違いや失敗をどう受け止めるか心配している子どももいるだろう。そこで，間違いや失敗が教室の中で起きたことと関連させて授業を実践する。
人の間違いや失敗に対して自分が何を意識するか，どう行動するかを，授業の最後に短冊に書かせて教室に掲示し，意識の定着を図るようにする。「暮らしやすさ」につながる子どものよい言動は学級通信などを通じて紹介する。

（古橋功嗣）

よりよい人間関係をつくろう

4．誰だって手を貸してほしい時がある

ねらい 手を貸してほしいと思っている人に気づけるようになりたいという気持ちを高める。

関連する主な内容項目　B 親切，思いやり

小学校低学年
小学校中学年
小学校高学年
中学校

ポスターが伝えたいこととは

授業開始と同時に次のポスターのイラスト部分のみを提示して，気づいたこと，はてなと思うことを発表させる。

画像提供：法務省人権擁護局

次のような考えが出されるだろう。

・車いすに乗っている男の子がいる。
・後ろに大きな手があるのはどうしてだろう。

それぞれの考えを共感的に受け止める。ポスターに使われているイラストであることを知らせて発問する。

発問１ あなたならこのポスターにどんな言葉を入れますか。

個人で考えさせた後，グループで話し合わせ，学級全体に紹介したい言葉を各グループから発表させる。次のような言葉が出されるだろう。

・どんな思いやりの言葉をかけますか。
・あなたにできることはありますか。
・思いやりを行動で表そう。

それぞれの考えに対して，ポスターのどこに着目したのかという問いかけをしながら受け止めていく。

その後，「ポスターにはこんな言葉がついていました」と言って，「誰だって手を貸してほしい時がある」という言葉を提示する。

手を貸してほしい人とは？

発問２ このポスターに描かれている人たちは，みんな手を貸してほしいと思っているのでしょうか。

思っていると思えば○，思っていないと思えば×を選ばせ，理由を考えさせる。

挙手で人数を確認した後，少数派から理由を発表させる。

【×派】

・女子高生は，特に手を貸してほしいという感じがしない。

【○派】

・今困っていない人でも，困ることは必ずあるから。
・困りごとは目に見えることばかりではないから。

○派の考え方を十分に取り上げ，困っているように見えない人でも，いろいろな悩みを抱えているかもしれないということに気づかせていく。

手を貸してあげられる人に

発問3　あなたは，手を貸してほしいと思っている人に気づくことができそうですか。

できそうか，難しそうか，４段階で自己評価させ，理由を書かせる。

４　できそう　　　　３　少しできそう
２　あまりできない　１　全然できない

３や４を選んだ子どもに何人か理由を発表させる。次のような考えが出されるだろう。

・普段からたくさん会話する。
・気になることがあったら声をかけてみる。
・ちょっとしたことでも相談に乗るようにしておく。

これらの考えをヒントに，少しでも４に近づく方法を書かせ，授業を終える。

授業の活用場面	
○	A　朝の会・帰りの会
○	B　学年集会・全校朝会
○	C　行事の前後
○	D　複数の組み合わせ
○	E　１時間の道徳授業の導入・終末

【授業の流れ】

教材の提示	ポスターのイラスト部分
発問１	このポスターにどんな言葉を入れるか？
話し合い	個人→グループ→全体
発問２	みんな手を貸してほしいと思っているのか？
発表	○か×か
発問３	手を貸してほしいと思っている人に気づくことができそうか？
自己評価	４段階の自己評価
発表	３や４を選んだ子どもの理由の発表
[５分でできる！] ポスターに合う言葉を考えさせた後，発問３をする。	

教材発見・活用のコツ

困っているように見えなければ，手を貸してほしいと思っている人に気づくのは難しい。「どんな人にも困っていることがある」という意識が低いからである。

このポスター（法務省人権擁護局・全国人権擁護委員連合会）を活用することによって，子どもたちが友達のちょっとした言動に気づいて声をかけようとする意識を高めることができれば，学級の人間関係はよりよいものになっていくはずである。

（猪飼博子）

よりよい人間関係をつくろう

5. やさしさ連鎖

ねらい “やさしさ連鎖” という言葉から，優しさが連鎖することで周りも笑顔になることに気づき，自分も優しい行動をしていこうとする気持ちを高める。

関連する主な内容項目　B 親切，思いやり（中学は，思いやり，感謝）

小学校低学年
小学校中学年
小学校高学年
中学校

どんなポスター？

授業の始まりとともに，「やさしさ」と書かれているところ（2カ所）を□で隠したポスターを提示し，発問をする。

長野県 人権啓発ポスター（2009）

発問1　□には，どんな言葉が書かれているでしょう。

2カ所の□には，同じ言葉が書かれていることを伝える。

イラストから「リサイクル」「エコを大切に」など，環境問題の内容だと予想する意見が多いだろう。

ある程度意見が出たところで，ポスターの言葉を提示する。

> やさしさ連鎖
> 「やさしさ」をリレーして，
> みんなが笑顔になればいい。
>
> 前掲ポスターより

優しさは連鎖するのか？

ポスターの全体を見せた後，次の発問をする。

発問2　優しさって連鎖するものなのでしょうか。

連鎖すると思えば○，連鎖しないと思えば×を選ばせ，理由も書かせる。ほとんどの子どもが○を選ぶだろう。

そこで，×の子どもに理由を発表させた後，○の理由を発表させる。次のような理由が出されるだろう。

・誰かが優しくしてくれたら，自分もそうしようと思い，他の人へつながっていくと思ったから。
・誰かが優しい行動をすると，周りの人も気持ちよくなり，優しくなれるから。
・優しくされたら自分も誰かに優しくしよう

と思い，この優しさがどんどん広がっていくと思うから。

学級でも“やさしさ連鎖”見つけました！

意見が出つくしたところで，「先生は，このクラスで“やさしさ連鎖”している場面を見つけました」と言って，写真を紹介する。

たとえば，次のような場面である。

１枚目：Ａ君が骨折のため足を引きずっていると，「（机ふきの仕事）代わるよ！」と率先して声をかけたＢさん。

２・３枚目：その姿を見てＣさん，Ｄさんも自分からお手伝いをしてくれている場面。

教師が見つけた“やさしさ連鎖”を紹介した後，発問する。

発問３「これも“やさしさ連鎖”かな」と思う場面はありますか。

「体育の授業で，器具を準備していたらＥさんが手伝ってくれて，それを見たＦさんも一緒に手伝ってくれた」のように，その場で優しさが連鎖する場面もあれば，「プリントを配ってくれた人が，風でとばされないように工夫して置いてくれた。そうしたら，他の子も真似をして配ってくれるようになった」のように，後から優しさが連鎖する場面もあるだろう。

自分たちの生活を思い出させながら振り返りを書かせて，授業を終える。

これも“やさしさ連鎖”かな？

◆生活を振り返ろう

①

②

③

授業の活用場面	
○	Ａ　朝の会・帰りの会
○	Ｂ　学年集会・全校朝会
○	Ｃ　行事の前後
	Ｄ　複数の組み合わせ
○	Ｅ　１時間の道徳授業の導入・終末

【授業の流れ】

教材の提示	文字の一部分を隠したポスター
発問１	どんな言葉が書かれている？
教材の提示	ポスター全体
発問２	優しさって連鎖するもの？
発表	○か×か，その理由
教材の提示	子どもたちの写真
発問３	「これも“やさしさ連鎖”」と思う場面はあるか？
書く	振り返り

［５分でできる！］
ポスターを紹介した後，発問２を考えさせる。最後に，教師が見つけた“やさしさ連鎖”している場面を紹介する。

教材発見・活用のコツ

“やさしさ連鎖”には，さまざまなパターンがある。

・Ａさんに対して思いやりのある行動をしているＢさん。その姿を見て，Ｃさんも同じようにＡさんに対して行動するパターン。
・Ａさんに対して思いやりのある行動をしているＢさん。その姿を見ていたＣさんが，Ｄさんに対して行動するパターン。

その場で優しさが連鎖する場面や，後から他の人に対して優しさが連鎖する場面など，さまざまな“やさしさ連鎖”を子どもたちと共有することで，言葉の認識を深めていきたい。

（平井百合絵）

よりよい人間関係をつくろう

6. 悩みの芽　摘める人に

ねらい 誰もが悩みをもっていることに気づき，悩みが小さいうちに相談にのって解決してあげられる人になりたいという気持ちを高める。

関連する主な内容項目　B 親切，思いやり（中学は，思いやり，感謝）

小学校低学年
小学校中学年
小学校高学年
中学校

悩みの芽　摘める人に

授業開始と同時に「これまでまったく悩んだことがないという人はいますか」と問いかける。

誰も手を挙げないことを確認して「みんな悩んだことがあるということですね」と言う。その後，「新聞にこんな題名の投稿をしている高校生がいました」と言って，次の題名を提示して発問する。

悩みの芽　摘める人になりたい
「声」朝日新聞 2020年8月18日付

発問1　「悩みの芽 摘める人になりたい」ということは，どういうことか，わかりますか。

となり同士で話し合わせた後，説明できそうな子どもに発表させる。次のような考えが出されるだろう。

・悩みの芽ということは，まだ悩みが小さいということで，誰かの悩みが深刻になる前に解決できるような人になりたいということではないか。

説明を聞いて言葉の意味がわかったかどうかを確認した後，発問する。

発問2　自分が悩んでいるときに，相談できる人がいるとうれしいですか。

ほとんどの子どもが「うれしい」と答えるだろう。何人かを指名して，その理由を発表させる。

次のような考えが出されるだろう。

・自分のことをわかってくれる人がいると思えるだけで，心が少し軽くなるから。
・相談できる人がいると思うだけで，安心できるから。
・自分は一人じゃないと思えるから。

それぞれの考えを受け止め，相談できる人がいることの大切さを学級全体で共有する。

悩みの芽　摘める人になるには？

「この投稿をした高校生は，次のように言っています」と言って，次の言葉を範読する。

> 私は，悩みの種が実になる前に，その芽を摘んであげられる人になりたい。１人で抱えるには重たすぎる悩みがある。私はそんな「誰か」になれる存在でありたい。
>
> 前掲新聞，「悩みの芽 摘める人になりたい」より一部掲載

子どもたちにも音読させた後，次の発問をする。

発問３　そんな「誰か」になるためには，どうしたらいいでしょうか。

まずは一人一人に考えさせた後，グループで交流させ，学級全体に紹介したい考えを発表させる。

次のような考えが出されるだろう。

・話しやすい人だと思われるように，誰とでも親しく話すようにする。
・自分の悩みも気軽に相談して，相談しやすい雰囲気をつくる。
・困っているように見える人がいたら，親身になって声をかけるようにする。

それぞれの考えのよさを受け止めてコメントする。

悩みの相談にのってみる

考えが出つくしたところで，となり同士で話してもよい軽い悩みを考えさせる。

「となりの人に悩みを話してみましょう。悩みを聞いたら，自分なりの考えを伝えてみましょう」と言って，となり同士で悩みの相談にのる体験をする。

最後に授業での学びを書かせて，授業を終える。

授業の活用場面	
○	A　朝の会・帰りの会
○	B　学年集会・全校朝会
	C　行事の前後
○	D　複数の組み合わせ
○	E　１時間の道徳授業の導入・終末

【授業の流れ】

教材の提示	投稿の題名
発問１	どういうことか，わかるか？
話し合い	となり同士
発問２	相談できる人がいるとうれしいか？
発表	全体
教材の提示	高校生の考え
発問３	そんな「誰か」になるためにはどうしたらいいか？
話し合い	個人→となり同士→全体
活動	となり同士で，悩みの相談にのる
［５分でできる！］ 題名について考えさせた後，投稿した高校生の言葉を提示して，発問３をする。	

教材発見・活用のコツ

朝日新聞（2020年８月18日の投稿欄）で発見した素材である。

自分がいじめられた経験をもとに，自分自身が「悩みの芽　摘める人になりたい」と考えたところに感動した。

しかし，相談される人になることは簡単なことではない。この人なら安心して相談できると思ってもらわなければならないからである。そのような人になるための考え方をしっかり共有させるようにしたい。

授業の最後にロールプレイングをさせて，悩みの相談にのることのよさを感じさせるとよい。

（鈴木健二）

よりよい人間関係をつくろう

7. 身近な人にこそ，ていねいに

ねらい 身近な人にいつの間にかいい加減な態度で接していることに気づき，ていねいに接しようという意識を高める。

関連する主な内容項目 C よりよい学校生活，集団生活の充実

小学校低学年
小学校中学年
小学校高学年
中学校

友達だから

授業開始と同時に，本に載っていた次のイラストを提示する（吹き出しの言葉は隠す）。

『よのなかルールブック』高濱正伸監修 林ユミ絵（日本図書センター）

少し間をおいて，吹き出しの言葉を示し，発問する。

発問１ この人の言葉に納得できますか。

納得できると思えば○，納得できないと思えば×を選ばせ，理由を書かせる。ほとんどの子どもは×を選ぶだろう。次のような考えが出されるだろう。

・友達だからと言って，お礼を言わないのはおかしいから。
・こんな態度の人とは，友達になりたくないから。

あなたは大丈夫？

考えを共感的に受け止めた後，発問する。

発問２ あなたは，友達にこんな態度をとっていないという完璧な自信がありますか。

完璧な自信があるかないか，次の４段階で考えさせる。

自信がある ←４ ３ ２ １→ 自信がない

完璧な自信と問われて４と答える子どもは少ないだろう。選んだ理由を発表させる。

・時々，いい加減に接していることがあるかもしれないから。
・つい，当たり前と思ってしまい，ちゃんとお礼を言わないことがあるから。
・乱暴な言葉遣いをしていることがあるから。

自分に対して批判的な見方をしていることを共感的に受け止めていく。

身近な人にこそ

「このイラストは,『よのなかルールブック』という本に載っていたものです。イラストにはこんな言葉がつけられていました」と言って,次の言葉を提示する(「ていねいな」を空欄にする)。

> 身近(みぢか)な人(ひと)にこそ,ていねいな態度(たいど)を。
>
> 前掲書より

空欄に入る言葉を考えさせる。次のような考えが出されるだろう。

・優しい　・明るい　・きちんとした

考えが出つくしたところで「ていねいな」であることを知らせ,「さらに,こんな解説もつけてありました」と言って提示する。

> 家族(かぞく)やともだち……身近(みぢか)な人(ひと)にほど,油断(ゆだん)して,ついそっけない態度(たいど)をとってしまうもの。相手(あいて)が「大切(たいせつ)な人(ひと)」だということを忘(わす)れないで。
>
> 前掲書より

これを範読した後,発問する。

指示 **あなたの身近な人を3人以上思い浮かべてみましょう。**

思い浮かべたところで目を閉じさせる。

「今思い浮かべた人に,これからどんな態度で接していきたいか考えましょう」と言ってしばらく間をおいて考えさせ,授業を終える。

	授業の活用場面
○	A　朝の会・帰りの会
○	B　学年集会・全校朝会
	C　行事の前後
○	D　複数の組み合わせ
○	E　1時間の道徳授業の導入・終末

【授業の流れ】

教材の提示	イラストと吹き出しの言葉
発問1	この言葉に納得できるか?
発表	○か×か
発問2	友達にこんな態度をとっていないという完璧な自信があるか?
自己評価・理由の発表	4段階で自己評価させて理由を発表。
教材の提示	言葉と解説
指示	身近な人を3人以上思い浮かべて,どんな態度で接していきたいか考えてみよう。

[5分でできる!]
イラストと吹き出しの言葉を提示して発問1をし,言葉と解説を範読する。

教材発見・活用のコツ

大人でも,身近な人に対して,いつの間にか雑な態度で接してしまっていることがあるだろう。そのような態度が当たり前になってしまうと,身近な人との関係が壊れていくことにもなりかねない。そこで,この素材を活用して自分の態度を振り返らせ,よりよい人間関係が持続できるようにさせたいと考え,授業を構成した。

授業後は,身近な友達にていねいに接している姿をとらえて,「素敵な接し方だね」と伝えていくようにするとよい。

(鈴木健二)

よりよい人間関係をつくろう

8．命令を質問に変える

ねらい　きつい言い方で注意すると人間関係が悪くなることがあることに気づき，「命令を質問に変える」言い方を工夫したいという気持ちを高める。

関連する主な内容項目　B　相互理解，寛容

小学校低学年
小学校中学年
小学校高学年
中学校

こんな人に何と言うか？

授業開始と同時に，２枚のイラスト（A廊下を走っている B教室で騒いでいる）を提示する。

A

B

発問１　こんな人がいたら何と言いますか。

A，Bどちらでもいいので，何と言うか発表させる。次のような考えが出されるだろう。

【Aに対して】
・廊下を走らないで。
・だれかにぶつかるとあぶないよ。

【Bに対して】
・さわぐとめいわくだよ。
・勉強しているのにじゃましないで。

「こんな人を見かけると注意したくなりますね」と言って，出された考えを受け止める。

嫌な気持ちになっても仕方ない？

「ある本に，こんなことが書いてありました」と言って，次の言葉を紹介する。

> 友(とも)だちだったら，悪(わる)いところを直(なお)してほしいと思うよね。でも「何々(なにない)してよ」とか「こうしなきゃダメだよ」という言(い)い方(かた)をすると，相手(あいて)は嫌(いや)な気持(きも)ちになるんだよ。
>
> 『こども「人(ひと)を動(うご)かす」――友(とも)だちの作(つく)り方(かた)』
> 齋藤孝 著（創元社）より

これを範読して，発問する。

発問２　嫌な気持ちになったとしても，悪い行動をしているのだから「何々してよ」「こうしなきゃダメだよ」と言ってもいいのではないでしょうか。

いいと思えば○，よくないと思えば×を選ばせ，理由を書かせて発表させる。

【○派】
・嫌な気持ちになりたくなければ，悪い行動をしなければいい。
・嫌な気持ちになったとしても，言わなけれ

ばまたやってしまう。

【×派】

・きつい言い方をされると，意地になって直そうとしなくなるかも。
・言い方を変えたほうが直そうとしてくれるかもしれない。

それぞれの考え方を受け止める。

命令を質問に変える

「本には，こんなことが書いてありました」と言って次の言葉を提示する（質問（しつもん）という言葉を空欄にする）。

> 命令（めいれい）を質問（しつもん）に変（か）える　　前掲書より

空欄に入る言葉を考えさせた後，「質問」が入ることを知らせ，「次のような話し方が提案されています」と言って提示する。

> ～と思（おも）うけど，どうかな？　　前掲書より

上の話し方を音読させて，発問する。

発問３　「何々してよ」という言い方に比べてどうですか。

となり同士で交流させて発表させる。次のような考えが出されるだろう。

・優しい言い方なので，聞いてくれるかもしれない。
・言われたほうも，素直に受け止められるかもしれない。

考えを共感的に受け止めた後，「何々してよ」という言い方を，「～と思うけど，どうかな？」という言い方に変える練習をする。最後に学んだことを書かせて授業を終える。

	授業の活用場面
○	A　朝の会・帰りの会
○	B　学年集会・全校朝会
	C　行事の前後
○	D　複数の組み合わせ
○	E　１時間の道徳授業の導入・終末

【授業の流れ】

教材の提示	２枚のイラスト
発問１	こんな人がいたら何と言うか？
発表	A，Bに対して
教材の提示	本の言葉を範読
発問２	嫌な気持ちになったとしても言ってもいいのでは？
発表	○か×か
教材の提示	「命令を…」の提示
教材の提示	「～と思うけど～」の提示
発問３	「何々してよ」という言い方に比べてどうか？
話し合い	となり同士→全体

［５分でできる！］
イラストを提示して発問１をした後，「～と思うけど，どうかな？」という話し方を提示し，どちらがいいか話し合う。

教材発見・活用のコツ

悪い行動を見ると，つい厳しく注意したくなる。しかしいつもそれでは人間関係が悪化する可能性がある。そこで「命令を質問に変える」と意識を高めて日常の言動を工夫させれば，ちょっとしたことで険悪な空気にならなくてもすむようになるはずである。

素材は『こども「人（ひと）を動（うご）かす」―友（とも）だちの作（つく）り方（かた）』齋藤孝著（創元社）から引用した。

（鈴木健二）

コラム　1時間の道徳授業に発展

「2.思いやりのパス交換を！」(p.58～59)の授業

1時間の道徳授業に発展させる場合には，次のように展開していく。

発問２をした後，「次の３つのパスを考えてみましょう」と視点を提示して，考えさせる。

パスの３つの視点	①　自分が受け取ったパス ②　自分が誰かにおくったパス ③　たまたま見かけて，いいなと思ったパス

上の３つの視点をもとに，右の「『思いやりのパス』カード」にできるだけたくさん書かせる（カード１枚にパス１つ）。カードをもとにグループで交流させた後，学級全体に紹介したいものを１つ選ばせて発表させる。

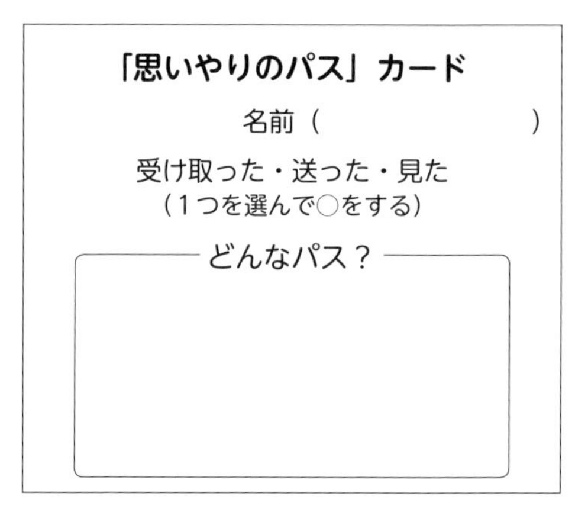

上の③の視点のパスが発表されたら（発表されない場合には，いくつかピックアップしておいて，こんなパスが出されていましたと取り上げて），次の発問をする。

発問２－２　**自分が直接関わっていないパスなのに，どうしていいなと思うのでしょうか。**

次のような考えが出されるだろう。

・誰かがうれしそうにしていると，自分も同じような気持ちになるから。
・自分もそんなパスを出したり，受け取ったりしたらうれしくなると思うから。

誰かの思いやりのパスを見るだけで心が温かくなることを学級全体で共有する。

この後，発問３（59ページ）をして授業を終える。

授業後は，パスカードを活用して，学期に１回程度「思いやりのパス週間」を設定する。

パスカードは，パス週間だけ掲示して，さまざまな思いやりを共有する。書かれたパスは，学級通信にも取り上げて保護者にも知らせ，家庭でも話題になるようにしていく。

自分の仕事に責任をもとう

※係活動,当番活動,委員会活動などと関わらせて第5章の小さな道徳授業案を実施し,自分の仕事に責任をもたせていきましょう。

自分の仕事に責任をもとう

1. 愛と技で運びます

ねらい 自分も「技」だけではなく「愛」を込めてよい仕事をしたいという気持ちを高める。

関連する主な内容項目　C 勤労，公共の精神（中学は，勤労）

小学校低学年
小学校中学年
小学校高学年
中学校

看板の言葉は？

愛東運輸株式会社の看板

授業開始と同時に，看板の言葉を次のように提示する。

□と技で運びます

「この言葉は，ある運輸会社の看板に書かれていました」と言って，空欄の言葉を考えさせる。次のような考えが出されるだろう。

・トラック　　・人　　・心

予想させた後，「イメージキャラクターにそのヒントがあります」と言ってイラストを提示する。イメージキャラクターをもとに，さらに予想を考えさせた後，「愛」という言葉であることを知らせ，看板の全体を提示する。

「愛」という言葉の意味は？

「この言葉を見て，不思議に思ったことがありました」と言って発問する。

発問1　荷物を運ぶのに，「愛」が必要だと思いますか。

必要だと思えば○，必要ではないと思えば×を選ばせ，理由を考えさせる。挙手で人数を確認した後，少数派から発表させる。

【×派】
・技があればちゃんと運べるから。
・愛は特に必要ないから。

【○派】
・愛があったほうが，仕事のていねいさがお客さんに伝わるから。
・愛があると，荷物の扱いがていねいになるから。
・愛があれば，自分の荷物のように運べるから。

相手の考えに意見があれば出させる。多くの子どもは，愛があったほうがよいと考えるだろう。

あなたの仕事は？

「今，あなたはクラスでどんな仕事を任されていますか」と問いかけて，自分がやっている係や当番などの仕事を発表させる。

次のような仕事が出されるだろう。

・音楽室のそうじ　・黒板消し当番

・放送委員会

「いろいろな仕事を任されていますね」と受け止めた後，発問する。

発問２　あなたの仕事には，愛と技があると思いますか。

あると思うかどうか，４段階で自己評価させる。

ある ← ４　３　２　１ → ない

自己評価した理由を何人かに発表させる。

自分に厳しい評価をした子どもの思いに共感して，そのような思いが大切であることを伝える。

「実は，この学級には，愛と技で仕事をしている人が何人もいます」と言って，ていねいに仕事をしている子どもの写真を何枚か見せて授業を終える。

ていねいに階段を掃除する子ども

授業の活用場面	
○	A　朝の会・帰りの会
○	B　学年集会・全校朝会
○	C　行事の前後
○	D　複数の組み合わせ
○	E　１時間の道徳授業の導入・終末

【授業の流れ】

教材の提示	看板の言葉（一部空欄）を考えさせる
発表	全体
発問１	荷物を運ぶのに，「愛」が必要か？
発表	○か×か
話し合い	全体
発表	自分の仕事
発問２	あなたの仕事には，愛と技があるか？
自己評価	４段階で自己評価
発表	自己評価の理由
教材の提示	ていねいな仕事をしている子どもの姿を紹介
[５分でできる！] 看板を提示して空欄の言葉を考えさせた後，発問１をして話し合わせる。	

教材発見・活用のコツ

大学への通勤途中で発見した運輸会社の看板である。

この看板を見て，よい仕事をするためには，技だけではなく愛も必要であることに，自分自身が気づかされた。教師自身が学んだことだからこそ，子どもたちの心に響く授業を創る教材になる。

日ごろからていねいな仕事をしている子どもの姿を写真に撮って活用すると，授業の効果が高まる。

（鈴木健二）

自分の仕事に責任をもとう

2. 仕事ってなんだ？

ねらい 自分の仕事も，もっと誰かの役に立つようにやっていきたいという意欲を高める。

関連する主な内容項目　C 勤労，公共の精神（中学は，勤労）

小学校低学年
小学校中学年
小学校高学年
中学校

仕事ってなんだ？

授業開始と同時に本の表紙を提示する。

『なぜ僕らは働くのか』池上彰 監修、佳奈 漫画
モドロカ 画（学研プラス）

「この本を読んでいたら，こんな問いかけがありました」と言って提示する。

> 仕事ってなんだ？
>
> 上掲書より

発問1 あなたはどう答えますか？

一人一人に自分の考えをもたせた後，発表させる。

次のような考えが出されるだろう。

・生活するために欠かせないもの。
・自分がやりたいこと。

誰かの仕事に助けられている？

考えが出されたところで，「この本にはこのように書いてありました」と言って，次の言葉を提示する。

> 私たちは誰かの仕事に助けられて生きている。
>
> 前掲書より

発問2 この言葉の通りだと思いますか。

思えば○，思わなければ×を選ばせ，理由を書かせる。ほとんどの子どもは○を選ぶだろう。何人かを指名して発表させる。

・病院の仕事があるから，けがや病気をしたときに治療してもらえる。
・農家の仕事があるから，毎日ご飯を食べることができる。
・コンビニの仕事があるから，買いたいときにすぐ買うことができる。

それぞれの考えを受け止めた後，「この本では，『仕事ってなんだ？』という問いかけに次のように答えています」と言って次の言葉を提示する。

仕事(しごと)は誰(だれ)かの役(やく)に立(た)つこと
前掲書より

誰かの役に立つ仕事をしている人

誰もが，学級や学校の仕事を担当していることを確認して発問する。

発問３　あの人の仕事の仕方は，みんなのためにとても役立っているという人がいますか。

一人一人に考えさせ，となり同士で交流させた後，発表させる。次のような考えが出されるだろう。
・Ａさんの掃除はとてもていねいで，いつもすみずみまできれいにしている。
・配り当番のＢ君は，毎日プリントやノートを忘れずに配ってくれる。助かっている。
・放送委員会のＣさんは，いろいろなアイデアを出して楽しい番組を放送し，みんなを楽しませている。

友達の仕事をよく見ていることに共感しながら受け止めていく。

最後に，「あなたの仕事も，誰かのためにとても役に立っているという自信がありますか」と問いかけて，学びを書かせて授業を終える。

授業の活用場面	
○	Ａ　朝の会・帰りの会
○	Ｂ　学年集会・全校朝会
○	Ｃ　行事の前後
○	Ｄ　複数の組み合わせ
○	Ｅ　１時間の道徳授業の導入・終末

【授業の流れ】

教材の提示	仕事ってなんだ？
発問１	どう答えるか？
話し合い	個人→全体
教材の提示	誰かの仕事に助けられて…
発問２	この言葉の通りか？
話し合い	個人→全体
教材の提示	仕事は誰かの役に立つこと
発問３	みんなのためにとても役立っているという人は？
話し合い	個人→となり同士→全体

［５分でできる！］
「仕事ってなんだ？」を提示して少し間をおき，「誰かの仕事に助けられて…」を提示して発問２をする。その後，「仕事は誰かの役に立つこと」を提示して自分の仕事ぶりを振り返らせる。

教材発見・活用のコツ

学級や学校の仕事は，みんなが何らかの仕事を割り振られているので，仕方なくやっている子どもも多い。そこで，仕事は誰かの役に立つことであり，お互いの仕事の質を高めていくことで，よりよい学級・学校になっていくという意識を高めさせたい。そうすれば，仕事に取り組む姿勢がより前向きになるはずである。

授業後は，よい仕事をしている子どもを取り上げて紹介し，仕事の質を高めていこうとする意識を持続させていく。

（鈴木健二）

自分の仕事に責任をもとう

3. 心の回転が早い人

ねらい 任された仕事で，自分も「心の回転が早い人」になりたいという意欲を高める。

関連する主な内容項目 C 勤労，公共の精神（中学は，勤労）

小学校低学年
小学校中学年
小学校高学年
中学校

「心の回転が早い人」とは

「働く人を募集するために作ったポスターで，面白いポスターを発見しました」と言って，「心」の部分を隠してポスターを提示する。

提供：村田葬儀社

「何の回転が早い人だろう」と問いかけると，きっと「頭」と思う人が多いだろう。

予想させたところで「実はこんな言葉が入ります」と言って，「心」を提示し発問する。

発問1 「心の回転が早い人」ってどんな人なのでしょうか。

となり同士で話し合わせながら，「心の回転が早い人」とはどんな人なのかイメージを膨らませる。その後，何名かに発表させる。

・心の切り替えが早い人
・喜怒哀楽が激しい人
・気持ちがコロコロと変わってしまう人

子どもたちの意見を共感的に受け止めながら，「どうしてこの会社は『心の回転が早い人』を募集しているんだろう」などと切り返し，「働く人を募集するためのポスター」であることも意識させながら，イメージを全体で共有する。

ある程度意見が出つくしたところで，「実は，このポスターの続きに，こんなことも書かれていました」と言って，ポスターの下部に書かれている言葉を提示する。

ホスピタリティのある人材募集

「ホスピタリティのある人ってどんな人だろう」と知りたい意欲を高めてから，次の資料を使いながら説明する。

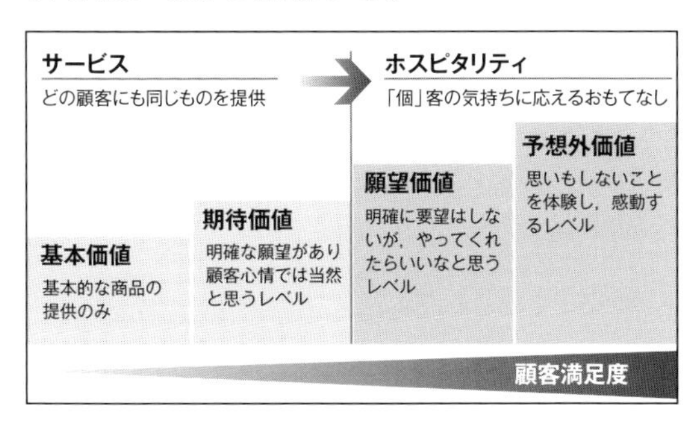

提供：株式会社ドリームランチャー

「心の回転が早い人＝ホスピタリティのある人」と結びつけ，「心の回転が早い人」とはどんな人なのか再度確認する。

なぜ「心の回転が早い人」が必要なのか？

どんな人かイメージできたところで発問する。

発問２　どうして「心の回転が早い人」が必要なのでしょうか。

「頭の回転が早い人のほうがいいのでは？」と投げかけながら，自分の考えを書かせる。次のような意見が出されるだろう。

・相手のことを考えてテキパキ行動できる人だからお客さんが喜ぶ。
・こういう人が多いと，会社の雰囲気も良くなる。

何人かの意見を聞いた後，発問する。

発問３　この学級にも「心の回転が早い人」はいますか。

教師が見つけた「心の回転が早い人」を紹介し，自分や学級のことを思い出させながら，振り返りを書かせて授業を終える。

	授業の活用場面
○	A　朝の会・帰りの会
○	B　学年集会・全校朝会
	C　行事の前後
○	D　複数の組み合わせ
○	E　１時間の道徳授業の導入・終末

【授業の流れ】

教材の提示	文字を一部分隠したポスター
発問１	心の回転が早い人ってどんな人？
話し合い	となり同士→全体
教材の提示	ポスターの下の文字部分
説明	ホスピタリティ
発問２	どうして「心の回転が早い人」が必要なのか？
話し合い	全体
発問３	この学級にも「心の回転が早い人」がいるか？

［５分でできる！］
ポスターを紹介した後，発問１をして，教師が見つけた「心の回転が早い人」を紹介する。

教材発見・活用のコツ

ポスターの中の「心の回転が早い人」という言葉を見て，子どもたちに新たな認識を促すことのできる素材だと感じ，この授業プランを作成した。

教師が見つけた「心の回転が早い人」を紹介することで，自分たちの周りにも「心の回転が早い人」がいそうだと思わせることがポイントである。

印象的な言葉と具体的な姿を結びつけることで，子どもたちの「自分もそうなりたい」という意欲を高めさせていきたい。

（平井百合絵）

自分の仕事に責任をもとう

4. 4つのじんざい

ねらい 「4つのじんざい」について知り，「人財」をめざして仕事に取り組んでいきたいという気持ちを高める。

関連する主な内容項目　C 勤労，公共の精神（中学は，勤労）

小学校低学年
小学校中学年
小学校高学年
中学校

どんなポスター？

授業開始と同時に，ある会社のポスターの下半分を提示する。「人財」の「財」の字,「人在」の「在」の字，人罪の「罪」の字と4つの「じんざい」の説明文を隠して提示する（ポスターの上半分はここでは提示しない）。

人財になるための７つの条件

Q. さて、あなたは、いくつクリアしていますか？

1. 明るく、元気なあいさつができる。
2. 言われなくても、自分で考え、行動できる。
3. 人がイヤがることでも、進んで取り組める。
4. 常に「どうしたらできるか？」を考える。
5. 仕事の納期をきちんと守ることができる。
6. ミスやクレームなどの報告をすぐにできる。
7. 人が見ていなくても、手を抜かずに仕事ができる。

人財
YESが７コの人
会社が求めている、良い「じんざい」
自分で考えて自分で成果を上げられる人

人材
YESが４～６コの人
会社が求めている、ふつうの「じんざい」
言われたことなら、自分でやりきれる人

あなたはどの「じんざい」

人在
YESが１～３コの人
不況になると辞めてほしい「じんざい」
言われたことを言われた通りにやるだけの人

人罪
YESが０コの人
できるだけ早く辞めてほしい「じんざい」
言われたこともできないのに不満が多い人

兵庫県Ｙ社のポスター

「気づいたことや考えたことはありませんか」と声をかける。子どもたちからは,「働く人が4つの「じんざい」に分かれているってことかな」「ほかにはどんな『じんざい』があるのかな」という意見が出されるだろう。

その後，空欄の漢字を考えさせることを通して，３つの「じんざい」を考えさせる。隠した漢字がなかなか出てこない場合は，会社にとってどんな従業員かを考えさせる。

4つの「じんざい」とは

しばらくして，他の３つの「じんざい」が「人財」「人在」「人罪」であることを伝える。大まかに4つの「じんざい」がわかったところで,「人材」が「言われたことなら，自分でやりきれる人」であることを紹介をする。その後，発問する。

発問１ 「人財」「人在」「人罪」はそれぞれどんな人なのでしょうか。

個人で考えさせた後，グループで相談し発表させる。次のような意見が出されるだろう。

【人財】・言われる前に自分で考えて動く人
【人在】・言われても自分の力でできない人
【人罪】・会社のために何もしない人

自分たちにとっての「じんざい」を価値づけたところで，ポスターの下半分全体を提示する。

子どもたちが自分の意見との違いを比較しながら４つの「じんざい」の具体的な人物像をとらえたところで,「４つの『じんざい』は,会社にだけ当てはまるのでしょうか。それとも学校の係や当番，委員会の仕事にも当てはまるのでしょうか」と声をかける。おそらく,「学校の仕事にも当てはまる」と答えるだろう。そこで，発問をする。

発問２　どの「じんざい」に学校の仕事をしてもらいたいですか。

子どもたちの多くが,「人財」と答えるだろう。選んだ理由を発言させ,「人財」が増えると，学校や学級が今よりもよい状況になることを理解させる。

自分はどの「じんざい」か

発問３　あなたは，周りの人からどの「じんざい」と評価されそうですか。

４つの「じんざい」から自分に当てはまる「じんざい」を選ばせ，日ごろの仕事の取り組み方を振り返らせながら理由を書かせる。

意見の交流はせず，発問２において，多くの子どもたちが,「人財」を選んだことを再確認し,「どうしたら,『人財』に近づけるだろう」と投げかける。子どもたちが考え始めたところで, 前掲ポスターの上半分にある「人財になるための７つの条件」を紹介する。

これを参考に，自分専用の「人財になるための３つの条件」を考えさせ，感想を書かせて授業を終える。

授業の活用場面	
○	A　朝の会・帰りの会
○	B　学年集会・全校朝会
	C　行事の前後
○	D　複数の組み合わせ
○	E　１時間の道徳授業の導入・終末

【授業の流れ】

教材の提示	文字を一部と説明を隠したポスターの下半分
発問１	「人財」「人在」「人罪」はそれぞれどんな人なのか？
話し合い	個人→グループ→全体
教材の提示	ポスター下半分全体
発問２	どの「じんざい」に学校の仕事をしてもらいたいか？
話し合い	全体
発問３	あなたは，周りの人からどの「じんざい」と評価されそうか？
自己評価	４つの「じんざい」から選択
教材の提示	「人財になるための７つの条件」ポスターの上半分
［５分でできる！］ 文字を一部隠したポスターの下半分を提示して，４つの「じんざい」を考えさせた後，ポスター全体を提示して発問３をする。	

教材発見・活用のコツ

今回の授業で使用したポスターは，学校の仕事に対して，甘い気持ちで取り組んでいる子に，ちょっとした刺激を与えられるものである。

４つの「じんざい」は，会社にとっての働き手を評価しているものであるが，会社以外の仕事にも当てはまると考えた。子どもたちが，４つの「じんざい」を意識するようになれば，日常の小さな仕事に向かう姿勢が変わっていくはずである。

（猪飼博子）

自分の仕事に責任をもとう

5. 丁寧を武器にする

ねらい 小さなことでも丁寧にやることが，よい仕事をするための武器になることに気づき，自分も仕事を丁寧にやりたいという意識を高める。

関連する主な内容項目　C 勤労，公共の精神（中学は，勤労）

小学校低学年
小学校中学年
小学校高学年
中学校

小山さんの言葉

授業開始と同時に，パティシエの小山進さんの写真を提示し簡単に説明する。

「この人は，初出場でお菓子の世界コンクールの最高評価をもらったパティシエの小山進さんです。テレビ番組の『情熱大陸』にも取り上げられました」

発問1 小山さんは，なぜ世界で認められるような仕事ができるのでしょうか。

何人かに発表させる。

・おいしいお菓子を作る研究を何年もしてきたから。

・有名なパティシエの弟子になって努力したから。

それぞれの考えを受け止めた後，「小山さんの本を読んで，小山さんの仕事に対する考え方にその秘密があるのではないかと思いました。それがこれです」と言って，次の書名を提示する（「丁寧」は空欄にする）。

丁寧を武器にする

『丁寧を武器にする』小山進 著（祥伝社）

空欄に入る言葉を考えさせる。次のような考えが出されるだろう。

・一生懸命　・努力

・全力　・勉強

丁寧は武器になる？

考えが出つくしたところで，「丁寧」であることを知らせて発問する。

発問2 どうして「丁寧」が武器になるのでしょうか。

自分の考えを書かせた後，となり同士で交流させて発表させる。

・丁寧な仕事をすると信用されるから。

・丁寧にすると完成度が高くなるから。

ある程度考えが出されたところで，「小山さんは次のように言っています」と言って，次の言葉を提示する。

小さいことをおろそかにする人は，必ず

> 大きなこともおろそかにする。
>
> 前掲書より

この言葉をもとにさらに話し合わせる。次のような考えが出されるだろう。

・小さなことを丁寧にやることによって，大きな仕事も立派にできるようになるから。

出された考えを共感的に受け止めていく。

自分の仕事は丁寧か？

発問３　あなたは，自分の仕事を丁寧にしているという自信がありますか。

自信があるかないか，４段階で考えさせる。

ある ← ４　３　２　１ → ない

２や３の子どもが多いだろう。４の子どもがいたら理由を発表させる。

「小山さんは，本の最初に次のメッセージを書いています」と言って次の文を範読し，授業を終える。

> たとえば――
>
> どんなにつらいことがあっても，
>
> 自分の思うとおりにならなくても，
>
> 失敗をしてしまっても，
>
> そんなときこそ「丁寧（ていねい）」に仕事をしよう。
>
> 「丁寧」が武器になるほど，心をこめて，
>
> 力を注（そそ）ごう。
>
> 大丈夫。僕がそうだった。
>
> 「丁寧な力」は，必ず自分を助けてくれる。
>
> 前掲書より

➡p.86 コラム １時間の道徳授業に発展

授業の活用場面	
○	A　朝の会・帰りの会
○	B　学年集会・全校朝会
○	C　行事の前後
○	D　複数の組み合わせ
○	E　１時間の道徳授業の導入・終末

【授業の流れ】

教材の提示	小山さんの写真と説明
発問１	なぜ世界で認められるような仕事ができるのか？
教材の提示	「丁寧」を空欄にした書名
発問２	どうして「丁寧」が武器になるのか？
話し合い	個人→となり同士
教材の提示	小山さんの言葉
話し合い	全体
発問３	自分の仕事を丁寧にしている自信があるか？
自己評価	４段階で自己評価
発表	自己評価の理由
教材の提示	小山さんのメッセージ
［５分でできる！］ 小山さんについて説明した後，書名『丁寧を武器にする』を提示して発問２をし，メッセージを読む。	

教材発見・活用のコツ

『丁寧を武器にする』という書名に込められた著者の思いを，子どもたちと共有したいと考えて教材化した。

小山氏は「どんなジャンルの仕事であっても，丁寧な力こそ仕事の基礎力になる」と言う。

この授業をきっかけに，子どもたちが「丁寧」を意識して仕事に取り組むようになれば，それは将来にわたって大きな武器になる。

（鈴木健二）

自分の仕事に責任をもとう

6. 人にしかできない仕事

ねらい 気遣いが，人にしかできない接客であることに気づき，「人にしかできない仕事」をしようとする意欲を高める。

関連する主な内容項目　C 勤労，公共の精神（中学は，勤労）

小学校低学年
小学校中学年
小学校高学年
中学校

どんな本だろう？

『ヒトにしかできない接客 ロボットでもできる接客』
工藤昌幸・板野太貴 著（こう書房）

授業の始まりとともに，「こんな本を見つけました」と言って，本の表紙にあるイラストのみを提示し，発問する。

発問１ **イラストを見て，気づいたことや考えたことは何ですか。**

次のような意見が出るだろう。
・ロボットがいる。
・レストランのような場所だと思った。
・ロボットには色がついていない。
・色がついている人たちはみんな笑顔。
・ロボットが対応しているところは，みんな白黒。

人の表情や色の違いなど，細かい部分に注目した子には「よく気づきましたね」「そんなところにも気がついたんだね」などと称賛しながら，子どもたちの意見を聞いていく。

ある程度意見が出たところで，「実はこの本，こんな題名でした」と言って，題名『ヒトにしかできない接客　ロボットでもできる接客』を提示する。

「ヒトにしかできない接客」とは？

発問２ **「ヒトにしかできない接客」と「ロボットでもできる接客」では，何が違うのでしょうか。**

個人でノートに考えを書かせる。その後，グループで意見交流し，全体で意見を聞く。
・ロボットでもできる接客は，注文を聞くなど誰にでもできるような簡単な仕事。
・人にしかできない接客は，相手のことを考えた思いやりのある接客のこと。
・ロボットよりも人のほうが笑顔で接客できる。
・ロボットよりも，人のほうがさりげない気遣いができる。

・ロボットのプログラムには組み込まれていない出来事が起きたときに，人だったらその場に応じた対応ができる。

子どもたちの意見を聞きながら，「それはロボットにはできないの？」「ロボットにもできるんじゃない？」と切り返しながら，人にしかできない接客とは何なのかを考えさせる。

目標を発表しよう！

意見が出つくしたところで，今の自分たちの係や仕事に対する取り組みを振り返らせるため，

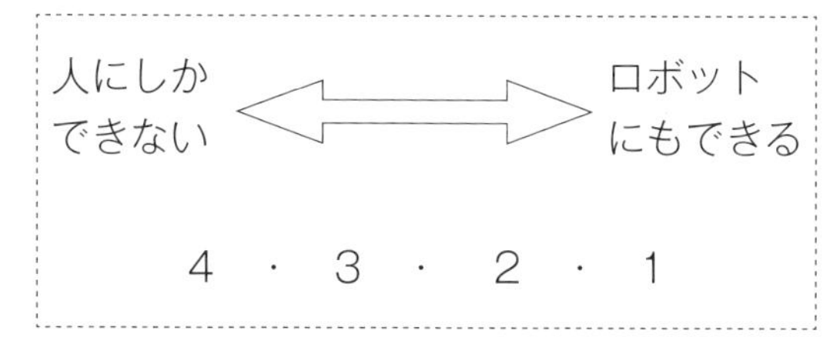

と提示し，次の発問をする。

発問３ あなたの今の仕事は，どのレベルでしょうか。

４段階の中から選ばせるとともに，４に近づくためにはどうしたらいいかを考えさせる。時間があれば，４に近づくための方法を全体で出させる。すると，「ただ決められたことをするのではなくて，みんながどうしたら喜んでくれるかを考えながら仕事をする」「言われたことだけじゃなくて，そこから自分で工夫したことを取り入れてみる」などの意見が出てくるだろう。

最後に，自分の任されている仕事では具体的にどんなことができそうかを考えさせ，授業を終える。

授業の活用場面	
○	A　朝の会・帰りの会
○	B　学年集会・全校朝会
○	C　行事の前後
○	D　複数の組み合わせ
○	E　１時間の道徳授業の導入・終末

【授業の流れ】

教材の提示	本のイラスト部分を提示
発問１	気づいたこと，考えたことは？
教材の提示	本の題名を提示
発問２	「ヒトにしかできない接客」と「ロボットでもできる接客」の違いは？
話し合い	個人→グループ→全体
発問３	今の自分の仕事はどのレベルか？
自己評価	４段階で自己評価
発表	４に近づく方法

［５分でできる！］
本の表紙を紹介した後，発問２「ヒトにしかできない接客とロボットでもできる接客の違いは何か」を考えさせる。最後に今の自分の仕事はどうかを４段階で評価させる。

教材発見・活用のコツ

ロボットが接客するホテルや飲食店が話題となった。AI 時代を生きる子どもたちに必要なのは，ロボットにはできない，人だからこそできる仕事をすることである。本の表紙から，今の自分の仕事への取り組みは，人にしかできない接客なのか，ロボットでもできる接客なのかを考えさせたい。

また，教師が見つけた「人にしかできない仕事」をしている子どもの写真を紹介したり，「この仕事は人にしかできない仕事かな？」と子どもたちに考えさせたりすることで，具体的な姿を印象づけるとともに，意識の継続化を図りたい。

（平井百合絵）

コラム 1時間の道徳授業に発展

「5.丁寧を武器にする」(p.82～83)の授業

1時間の道徳授業に発展させる場合には，次のように展開していく。

発問2の後，次の発問をする。

発問2－2　丁寧を武器にするためには，丁寧さを身につける必要があります。どうしたら丁寧さを身につけることができるのでしょうか。

自分の考えを書かせた後，となり同士で話し合わせる。相手からの学びをヒントにしてもう一度自分の考えをまとめさせ，発表させる。次のような考えが出されるだろう。

・行動するときに，「丁寧にする」という意識をもつ。

・丁寧な人を見習って行動する。

・自分が雑にしていることを思い浮かべて，少しずつ丁寧になるようにしていく。

それぞれの考えのよさを共感的に受け止めた後，「丁寧さを身につけるヒントになる言葉を2つ紹介します」と言って，小山さんの言葉（A）（B）を提示する。

A　丁寧さとは，特別な能力が必要なのではない。日常的にあるちょっとした人間関係や，生活習慣が基本になって作られる。

『丁寧を武器にする』小山進 著（祥伝社）より

B　丁寧な力とは，人の役に立つ力でもあるのだ。

同上書より

これらの言葉をヒントに，もう一度となり同士で話し合わせた後，発表させる。次のような考えが出されるだろう。

・あいさつをきちんとする。

・困っている人に声をかける。

・ドアの開け閉めなどの日ごろの動作を乱暴にしない。

・進んで手伝いをする。

出された考えをもとに，人間関係を大切にすることや当たり前のことをきちんとすることが，丁寧さにつながることを確認する。

発問3で自己評価させた後，丁寧に仕事をしている子どもの姿を写真で何人か紹介して感じたことを発表させ，丁寧さのイメージを共有させる。

最後に小山さんのメッセージ（83ページ）を範読し，学びを書かせて授業を終える。

学びを加速させよう

※5月の連休明けから2学期の落ち着いた時期にかけて,第6章の小さな道徳授業案を実施し,子どもたちの学びを加速させましょう。

学びを加速させよう

1. ノーベル賞への第一歩

ねらい 関心のあることを追究していくことが，偉業を成し遂げるための第一歩になることに気づき，追究の意欲を高める。

関連する主な内容項目　A 真理の探究（中学は，真理の探究，創造）

小学校低学年
小学校中学年
小学校高学年
中学校

吉野彰さんとは？

授業開始と同時に，ノーベル化学賞を受賞した吉野彰さんの写真を，説明を加えずに提示する。

写真：朝日新聞社

吉野彰さんを知っている子どもがいれば説明させた後，次の補足をする。

- 2019年にリチウムイオン電池の基本技術開発でノーベル化学賞を受賞。
- リチウムイオン電池が開発されたおかげで，スマートフォンなどが便利に使えるようになった。

ノーベル賞への第一歩になったのは？

発問1 **吉野さんは，小学校４年生のとき，ノーベル賞への第一歩となるものに出合います。いったい何だと思いますか。**

何人かに予想を発表させた後，次の本の表紙を提示して，「いったいどういうことでしょうか」と問いかける。

『ロウソクの科学』
ファラデー 著
三石巌 訳（角川文庫）

となり同士で話し合わせた後，発表させる。

次のような考えが出されるだろう。

- この本で科学のおもしろさを知り，研究したいと思ったのではないか。

子どもの考えを受けて，「この本は，吉野さんが小学４年生のとき，担任の先生に紹介されて読んだものです。吉野さんは，次のように話しています」と言って，紹介する。

ロウソクはなぜ燃えるのか，炎はなぜ黄色いのかといった内容で，子ども心に化学はおもしろそうだなと思った。

朝日新聞 2019 年 10 月 10 日付より

ノーベル賞への第一歩にできたのは？

発問２　1冊の本をノーベル賞への第一歩にできたのは，どうしてでしょうか。

しばらく一人一人で考えさせた後，「吉野さんはこんなことも話しています」と言って，次の話を紹介する。

好きこそものの上手なれ，ではないが，子どもが関心を持つとどんどん得意になるんです。

上掲新聞より

この話もヒントにさせてさらに考えさせた後，となり同士で交流させて発表させる。次のような考えが出されるだろう。

・化学に興味をもっていろいろ調べるようになったから。
・科学者になりたいと思って，努力するようになったから。

今，関心があることは？

発問３　今，何か関心があることがありますか。

あると答えた子どもを何人か指名して発表させる。

最後に「今，関心のあるものを追究し続けることが，将来何かにつながるかもしれませんね」と言って授業を終える。

授業の活用場面	
○	A　朝の会・帰りの会
○	B　学年集会・全校朝会
○	C　行事の前後
○	D　複数の組み合わせ
○	E　１時間の道徳授業の導入・終末

【授業の流れ】

教材の提示	吉野彰さんの写真
発表	全体
教材の提示	補足説明
発問１	ノーベル賞への第一歩となるものとは？
教材の提示	『ロウソクの科学』表紙
話し合い	となり同士→全体
教材の提示	吉野さんの話
発問２	ノーベル賞への第一歩にできたのは，どうしてか？
教材の提示	吉野さんの話
話し合い	個人→となり同士→全体
発問３	今，何か関心のあることがあるか？

［５分でできる！］
吉野さんの写真を提示して発問１をする。『ロウソクの科学』の表紙を提示して話し合った後，吉野さんの話を紹介する。

教材発見・活用のコツ

『ロウソクの科学』との出合いが化学を研究するきっかけになったという吉野さんの話を活用することによって，関心をもっていることを追究していくことの大切さに気づかせたいと考えた（写真や記事は，朝日新聞 2019 年 10 月 10 日付より）。

授業後は，関心のあることを追究している子どもを紹介し，自分も何かに関心をもって学んでいきたいという意識を浸透させていきたい。

（鈴木健二）

学びを加速させよう

2. せっかくの不正解

ねらい「せっかくの」というとらえ方をすることによって「不正解」という言葉の見え方が変わることに気づく。

関連する主な内容項目　A 希望と勇気，努力と強い意志
（中学は，希望と勇気，克己と強い意志）

小学校低学年
小学校中学年
小学校高学年
中学校

せっかくの？

授業開始と同時に，次の言葉を提示して，空欄に入る言葉を考えさせる。

せっかくの［　　　　］

次のような考えが出されるだろう。
・休み　　　・おやつ
・チャンス　・旅行

出された考えを共感的に受け止め，理由を発表させる。「せっかくの」という言葉には後に続く言葉をポジティブに強化する効果があると感じるだろう。必要に応じて，「せっかく」の意味も説明する。

“せっかくの不正解”の意味を考える

「こんな言葉が入ります」と言って，「不正解」であることを知らせる。予想外の言葉に驚く子どもが多いだろう。そこで，次の発問をする。

発問1　“せっかくの不正解”とは，どんな不正解なのでしょうか。

「せっかく」という言葉の意味をもとに，次のような考えが出されるだろう。
・がんばってやった不正解
・無駄にしたらもったいないかんじ
・悪くない不正解
・今の自分がわかる不正解

子どもたちの気持ちに寄り添う

「実は，まだ隠れている言葉があるのです」と言って，全文を見せる。

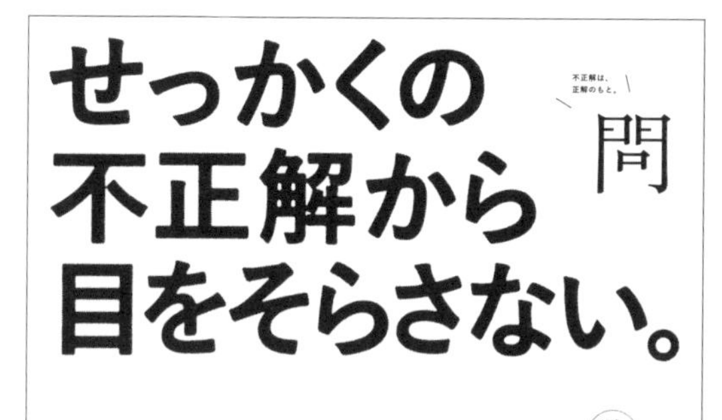

「Z会の通信教育」2014年キャンペーン

「不正解からは目をそらしたくなるよね」「不正解をじっと見つめる人なんているのかな」と問いかけて，表現のおもしろさを子どもたちと楽しむ。

“せっかくの不正解”から得られること

発問２ **“せっかくの不正解”から目をそらさないことで，どんなよいことがあるのでしょう。**

発問１で“せっかくの不正解”の意味を考えた子どもたちからは，次のようなことが出されるだろう。

・次に生かすことができる。
・目をそらしたくなるけど，不正解がチャンスになる。
・自分の苦手なことがわかる。
・できなかったことができるようになる。

出された考えに対して，「どれもせっかくの不正解から目をそらさないことで得られるよいことだね」と共感する。

“せっかくの不正解”を生かす

発問３ **“せっかくの不正解”から目をそらしたことはありませんか。**

これまでの自分を振り返らせたところで，「これから，失敗や間違い，不正解を一度もしない自信がある人？」と問いかける。

自信満々に挙手する子はほとんどいないだろう（もしいたとしても，それはそれで反応を楽しむ）。

その反応を受け止め，「これから，せっかくの不正解に出合ったときには，目をそらさずに次に生かせるといいですね」と言って授業を終える。

授業後は，「せっかくの不正解から目をそらさない」という言葉を教室に掲示して，意識の持続を図る。

授業の活用場面	
○	A　朝の会・帰りの会
○	B　学年集会・全校朝会
	C　行事の前後
○	D　複数の組み合わせ
○	E　１時間の道徳授業の導入・終末

【授業の流れ】

教材の提示	“不正解”を空欄にした言葉
発問１	“せっかくの不正解”とは，どんな不正解か？
発表	全体
教材の提示	全文を提示
発問２	目をそらさないことで，どんなよいことがあるか？
発表	全体
発問３	“せっかくの不正解”から目をそらしたことは？
振り返り	個人
［５分でできる！］「せっかくの不正解」という言葉を提示して子どもの反応を見る。次に，全文を提示した後，発問２をする。	

教材発見・活用のコツ

ポスターの「不正解」につけられた「せっかくの」という言葉に着目した。

普段，「せっかくの」という言葉を使う場面（せっかくの＋名詞）を思い返してみたとき，ネガティブな言葉につけることはほぼない。しかし「せっかくの」がつくことでうれしくない「不正解」も大切な財産のように思えてくる。

そこで，「せっかくの」を切り口に，もののとらえ方や不正解（失敗や間違い）と向き合うよさについて考えさせる授業を構想した。

（伊崎真弓）

学びを加速させよう

3. 疑問を手放さない

ねらい 疑問を手放さない姿勢を大切にして，学び続けようという意欲を高める。

関連する主な内容項目　A 個性の伸長（中学は，向上心，個性の伸長）

小学校低学年
小学校中学年
小学校高学年
中学校

トップアスリートの共通点は？

授業開始と同時に「こんな雑誌を見つけました」と言って，雑誌の表紙の写真を見せる。

『PRESIDENT』2020年2月14日号（プレジデント社）

そして，「この雑誌には，『自分を変える』ためのさまざまな方法が書かれています。その中に，こんな記事がありました」と言って，記事の一部を紹介する。

> トップアスリートへの取材を行うと，いつも感心させられることがあります。それがほぼ一致していることに改めて驚かされました。共通点は3つ。……
>
> 上掲誌記事，長田渚左「疑問には常時接続，聞き流す力を発揮」より

そして，次の発問をする。

発問1 トップアスリートの共通点とは何だと思いますか。

個人でノートに書かせた後，近くの人と意見を交流させる。自分の考え，もしくは近くの人と話して「たしかに！」と思った意見を発表させる。

・練習で手をぬかない。
・負けてもあきらめない。
・集中力がある。

などの意見が出るだろう。意見が出つくしたところで，「今日は共通点の１つを紹介します。最初に書かれていた共通点はこれです」と言って，次の言葉を提示する。

> 疑問を手放さない
>
> 前掲誌記事より

アスリートたちの疑問とは？

この言葉を全員で音読した後，次の発問をする。

発問２ トップアスリートたちは，どんな疑問をもっているのでしょうか。

近くの人と相談させてから，列ごとに聞いていく。すると，
・どうしたら勝てるのか。
・どうしたらうまくなるのか。
・どんな練習をしたらいいのか。
など，さまざまな疑問が出てくるだろう。

疑問を“手放さない”とは？

「この記事を読んで，先生はこの言葉に疑問をもちました」と言って，“手放さない”という言葉に注目させてから，次の発問をする。

発問３ どうして「疑問を手放さない」と書かれているのでしょうか。

「疑問を“もつ”ではだめなのかな？」と問いかけながら，疑問を“手放さない”というのはどういう状況なのか，なぜそれが大切なのかを考えさせる。近くの人と相談しながら考える時間をとり，ノートに自分の考えを書かせる。その後，意見を聞いていく。
・疑問をもつだけでなく，その疑問を常に意識して練習に取り組むことで，技術が向上するから。
・疑問をもち，その疑問が解決したら，次の疑問をもつ，というように常に疑問をもっているほうが成長するから。

多くの子どもが，疑問をもった“あと”にどうするか，そこが大事である，ということに気づくことができるだろう。最後に，「みんなは自分が見つけた“疑問”と，どのように向き合っていきたいですか」と問い，振り返りを書かせて授業を終える。

授業の活用場面	
	A　朝の会・帰りの会
○	B　学年集会・全校朝会
○	C　行事の前後
○	D　複数の組み合わせ
	E　１時間の道徳授業の導入・終末

【授業の流れ】

教材の提示	雑誌の表紙と記事の一部
発問１	トップアスリートの共通点とは？
話し合い	個人→近くの人と
教材の提示	「疑問を手放さない」
発問２	どんな疑問をもっている？
発表	全体
発問３	どうして「疑問を手放さない」と書かれている？
話し合い	全体

［５分でできる！］
トップアスリートの共通点が「疑問を手放さない」ということを紹介した後，発問３をして，疑問をもった後が大切であることに気づかせる。

教材発見・活用のコツ

「疑問をもつ」ことは，多くの人がするが，「疑問を手放さない」という意識はあまりもっていない。この言葉を知って，ぜひ子どもたちに伝えたいと考え教材化した。

授業後は，時々「今どんな疑問をもっているか」を問いかけ，「疑問を手放さない」という意識を持続させたい。

この教材の長田渚左さんの記事は，25年にわたる歴代メダリストへの取材を重ねた右の著作がベースとなっている。

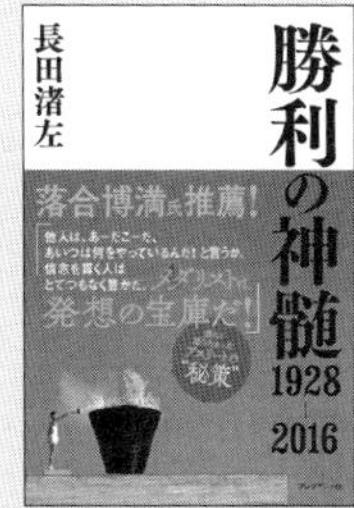

『勝利の神髄 1928-2016』
長田渚左 著（プレジデント社）

（平井百合絵）

学びを加速させよう

4. 習慣になった努力

ねらい 努力を続ける大切さに気づき，努力を習慣にしていきたいという意欲を高める。

関連する主な内容項目　A 希望と勇気，努力と強い意志
（中学は，希望と勇気，克己と強い意志）

小学校低学年
小学校中学年
小学校高学年
中学校

空欄に入る言葉とは？

授業開始と同時に，「こんなポスターを見つけました」と言って提示する（「習慣になった」という言葉は隠す）。

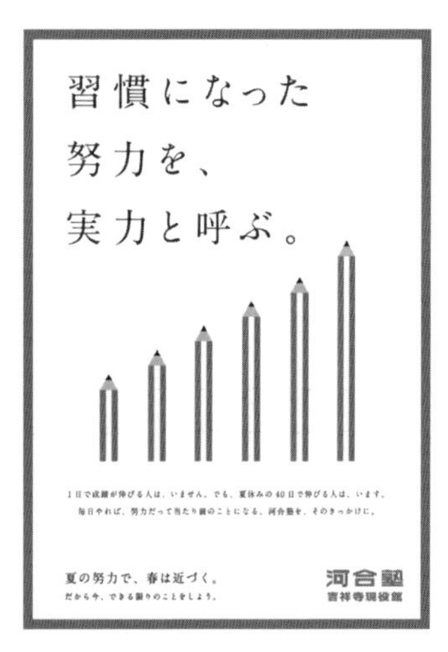

河合塾ポスター

「どんな言葉が空欄に入ると思いますか」と問いかける。次のような考えが出るだろう。

・一生懸命がんばった。
・毎日積み重ねた。
・全力で取り組んだ。

子どもたちの考えが出つくした後，「習慣になった」であることを知らせて音読させる。

納得できる？

言葉を音読させた後，発問する。

発問1　「習慣になった努力」とはどんな努力ですか。

個人で考えさせた後，となり同士で話し合わせて発表させる。次のような考えが出されるだろう。

・毎日やることが当たり前になった努力
・やってもきつくないと思える努力
・毎朝顔を洗うのと同じように普通にできる努力

それぞれの考え方を共感的に受け止めた後，発問する。

発問2　ポスターの言葉に納得できますか。

納得できると思えば○，納得できないと思えば×を選ばせ，理由を書かせる。次のような考えが出されるだろう。

【×の意見】
・努力が続かなくても，結果が出ることもあるから。

・努力を続けても，実力になるとは限らないから。

【○の意見】

・習慣になるくらい努力をすれば，力が伸びてくるから。
・難しいと思っていても，努力し続けることでできるようになっていくから。

出された考えを意味づけしていくことによって，ポスターの言葉の意味の理解を深めていく。

努力していることは？

ポスターの言葉の理解が高まったところで，発問する。

発問３　習慣になるほど努力していることがありますか。

あるかないか挙手させて，子どもたちの実態を把握する。努力していることがある子に発表させる。子どもたちからは次の意見が出されるだろう。

・勉強を毎日コツコツ続けている。
・お風呂洗いを毎日やっている。

子どもたちの努力を受け止め，「習慣になった努力になっていますね」とコメントしたり，「どうしたら努力を習慣にすることができるのでしょうか」と問いかけたりして，意味づけていく。

また，「努力していることがない人はそのままでいいですか」と問いかければ，多くの子どもは「このままではよくない」と答えるだろう。そこで「あなたが習慣にしたい努力は何ですか」と言って何人かに発表させる。

「みなさんがどんな実力をつけていくか楽しみにしています」と言って授業を終える。

授業の活用場面	
○	A　朝の会・帰りの会
○	B　学年集会・全校朝会
	C　行事の前後
○	D　複数の組み合わせ
○	E　１時間の道徳授業の導入・終末

【授業の流れ】

教材の提示	「習慣になった」という部分を隠したポスター
発表	全体
教材の提示	空欄に入る言葉
発問１	「習慣になった努力」とはどんな努力か？
話し合い	個人→となり同士
発問２	ポスターの言葉に納得できるか？
話し合い	○か×か
発問３	習慣になるほど努力していることがあるか？
発表	努力していることがある子ども
［５分でできる！］文字を隠さずにポスターを紹介した後，発問３をする。	

教材発見・活用のコツ

このポスターに出合って，実力の認識が変わった。それは，単発的な努力は実力と呼ぶことができない，ということである。

子どもたちも，どんな努力が実力になっていくのかを考えることによって，学びに対する姿勢が変わってくるはずである。

授業の最後に「習慣にしたい努力」をカードに書かせる。それを教室に掲示し，習慣になってきたかどうかを定期的に振り返らせることによって，意識を持続させるようにしたい。

（堀内遥香）

学びを加速させよう

5. 読めば，あなたの「知層」になる

ねらい 本や新聞を読むと，新しい世界が見えてくることに気づき，もっともっと読んでいきたいという意欲を高める。

関連する主な内容項目　A 真理の探究（中学は，真理の探究，創造）

小学校低学年
小学校中学年
小学校高学年
中学校

何の写真？

協力：AC ジャパン

授業開始と同時に，右側の写真部分を提示して，気づいたことなどを発表させる。次のような考えが出されるだろう。

・本が何冊も積み重ねられている。
・本にはしごをかけて上っている。
・遠くに町が見える。

さまざまな考えが出されたところで，発問する。

発問1 この写真は，何を伝えようとしているのでしょうか。

個人で考えさせた後，となり同士で交流させて発表させる。

・本を読むことの大切さ。
・本を読むといろいろな学びが積み重なる。
・本を読むといろいろなことが見えるようになる。

ある程度考えが出されたところで，「こんな言葉がついていました」と言って，次の言葉を提示し，さらに考えさせる。

> 読めば，あなたの「知層」になる。
>
> 上掲広告より

次のような考えが付け加えられるだろう。

・いろいろな知識が積み重なる。
・知るおもしろさを感じることができる。

それぞれの考えのよさを，共感的に受け止める。

新しい世界が見える？

残りの言葉を提示して，範読した後，次の

発問をする。

発問２　本や新聞を読むと，新しい世界が見えるようになるのですか。

見えるようになると思えば○，思わなければ×を選ばせ，理由を書かせる。○を選ぶ子どもが多いだろう。少数派から発表させる。次のような考えが出されるだろう。

【×派】

・本を読んでもそう思ったことがないから。

【○派】

・知らなかったことを知ると新しい世界を見たような気がするから。
・物語を読むと，その世界に入り込んだような気がするから。
・図鑑の写真を見ると，見たことのない世界を見せてくれるから。

新しい世界を見る意味は？

考えが出されたところで発問する。

発問３　新しい世界が見えると何かいいことがあるのでしょうか。

となり同士で話し合わせた後，発表させる。

・自分の生き方によい影響がある。
・わくわくしてもっと読みたくなる。
・自分の世界が広がる。

それぞれの考えを共感的に受け止めた後，教師自身の読書体験を語る。

最後に，「これからみなさんが，どんな新しい世界を見る体験をしていくのか，とても楽しみです」と言って，授業を終える。

➡p.98 コラム １時間の道徳授業に発展

授業の活用場面	
○	A　朝の会・帰りの会
○	B　学年集会・全校朝会
○	C　行事の前後
○	D　複数の組み合わせ
○	E　１時間の道徳授業の導入・終末

【授業の流れ】

教材の提示	写真部分
発表	気づいたこと
発問１	この写真は，何を伝えようとしているのか？
話し合い	個人→となり同士→全体
教材の提示	広告の言葉
発問２	本や新聞を読むと，新しい世界が見えるようになるのか？
話し合い	○か×か
発問３	新しい世界が見えると何かいいことがあるのか？
話し合い	となり同士→全体

［５分でできる！］
写真部分を見せて発問１をした後，言葉全体を提示して発問２をする。

教材発見・活用のコツ

かなり以前にストックしていた素材であるが，本や新聞を読むことが「知層」として積み重なり，新しい世界を見せてくれるという考え方を，子どもたちと共有したいと考え，教材化した。

この授業を行うことによって，子どもたちに読むことに対する新しい認識を促すことができるはずである。

授業後は，読書などによって新しい世界を見た体験を交流させていく活動を定期的に行い，意識を持続させていきたい。

（鈴木健二）

コラム　1時間の道徳授業に発展

「5．読めば，あなたの『知層』になる」(p.96～97)の授業

菊池雄星投手の言葉

1時間の道徳授業に発展させるのであれば，次のように展開する。

発問3の後，大リーガーの菊池雄星投手の写真を提示する。

菊池投手について知っている子どもがいれば，簡単に説明させた後，「菊池投手は，球界きっての読書家として知られています」と言って発問する。

発問4　**菊池投手は，1年間に何冊くらい本を読んでいると思いますか。**

予想を言わせた後，「菊池投手は次のように言っています」と言って言葉を提示する。

> 1日1冊，読みたいです。年間300冊くらい読めばいいんじゃないですかね。
>
> スポニチアネックス2020年5月7日「菊池雄星　本も野球も“読む力”」より

子どもたちはかなり驚くだろう。

「菊池投手はこんなことも言っています」と言って，さらに次の言葉を提示する。

> 自分の知らない世界を教えてくれるというか，自分はまだまだ何も知らないと思わせてくれるのが，良い本だったなと思うポイントですね。
>
> 上掲記事より

カードにまとめる

菊池投手の言葉を紹介した後，「読書から新しい世界を発見した人は，ぜひこのカードに書いて持ってきてください。みんなでその新しい世界を楽しみたいと思います」と言って，「読書から見えた新しい世界カード」を配付する。

読書から見えた新しい世界

見えた世界を紹介しよう！

「どんな新しい世界を見せてもらえるか，楽しみにしています」と言って授業を終える。

授業後は，教師も定期的にカードを書いて，子どもたちに紹介していく。

行事で成長しよう

※運動会や音楽会などと関わらせて第7章の小さな道徳授業案を実施し，行事を生かして子どもたちを成長させましょう。

行事で成長しよう

1. 1位と最下位との差

ねらい 大切なのはゴールすることであることに気づき，行事などに精いっぱい取り組もうとする意識を高める。

小学校低学年
小学校中学年
小学校高学年
中学校

関連する主な内容項目 A 希望と勇気，努力と強い意志
（中学は，希望と勇気，克己と強い意志）

1位と最下位との差

授業開始と同時に「何かの競争で最下位になってしまったらどんな気持ちになりますか」と問いかける。次のような気持ちが出されるだろう。

・落ち込んだ気持ちになる。
・とてもがっかりする。
・恥ずかしくなる。

これらの気持ちを共感的に受け止めた後，「『宇宙兄弟』という漫画の主人公である南波六太（なんばむった）はこんなふうに言っています」と言って，右の場面を提示する。

『宇宙兄弟』第11巻
小山宙哉 著（講談社）より

納得できるか？

言葉を音読させた後，発問する。

発問1 この言葉に納得できますか？

納得できると思えば○，納得できないと思えば×を選ばせて理由を書かせ，何人かに発表させる。次のような考えが出されるだろう。

【○派】
・自分の気持ち次第だから。
・自分がどれだけがんばれたかのほうが大切だから。

【×派】
・ショックが大きいと簡単に納得できないから。
・やっぱり1位のほうがうれしいから。

南波六太の言いたいことは？

それぞれの考えを受け止めた後，「実は，この言葉の後に続く言葉があります」と言って，次の言葉を提示する。

> ゴールすることと
> しないことの差に比べりゃ　　前掲書より

南波六太の言葉を「1位と最下位との～」から続けて音読させた後，発問する。

発問2 南波六太の言いたいことがわかりますか。

4段階で選ばせて挙手させる。

4 よくわかる
3 まあまあわかる
2 あまりわからない
1 まったくわからない

3や4を選んだ子ども何人かに説明させる。次のような考えが出されるだろう。

・最下位でもゴールすれば，何かをやり遂げたということになるが，最下位だからといってゴールしなかったら，何もしていないのと同じになる。
・最下位になったとしても，ゴールまでがんばれば，何か学べることがあるはずで，それを次に生かせるかもしれない。

行事に向けて

1や2を選んだ子どもにも南波六太の言葉の意味が共通理解できたところで，発問する。

発問3 **もうすぐ体育祭への取り組みが始まります。南波六太の言葉をどんな場面で生かしていきたいですか。**

個人で考えた後，グループで交流する。

グループで出された考えで「いいなあ」と思ったものを学級全体に発表させる。次のような考えが出されるだろう。

・練習がきつくてもうやめたいと感じたときに思い出したい。
・友達が自信をなくしているときに声をかけたい。
・本番で思うように力を発揮できないときに思い出してゴールしたい。

それぞれの考えのよさを意味づけながら受け止めていく。最後に学んだことを書かせて授業を終える。

授業の活用場面	
○	A 朝の会・帰りの会
○	B 学年集会・全校朝会
○	C 行事の前後
○	D 複数の組み合わせ
○	E 1時間の道徳授業の導入・終末

【授業の流れ】

教材の提示	「1位と最下位との差なんて～」の場面と言葉
発問1	この言葉に納得できるか？
発表	○か×か
教材の提示	「ゴールすることと～」の言葉
発問2	南波六太の言いたいことがわかるか？
自己評価	4段階で自己評価
発表	3や4を選んだ子どもの説明から学ぶ
発問3	南波六太の言葉をどんな場面で生かしていきたいか？
話し合い	個人→グループ→全体
［5分でできる！］ 南波六太の2つの言葉「1位と最下位との差なんて～」「ゴールすることと～」を提示して，発問3をする。	

教材発見・活用のコツ

『宇宙兄弟』第11巻のある場面で主人公の南波六太が言った言葉を教材化した授業プランである。

人は，競争になるとどうしても順位を気にしてしまいがちになる。しかし大切なことはゴールする（挑戦したことをやり遂げる）ことである。このような意識を高めることができれば，子どもたちの行事に取り組む姿勢は積極的になるはずである。

（鈴木健二）

行事で成長しよう

2. ライバルがいるって最高だ

ねらい 仲間と共に高め合えるよいライバルになりたいという気持ちを高める。

小学校低学年
小学校中学年
小学校高学年
中学校

関連する主な内容項目　B 友情，信頼

#ライバルがいるって最高だ

「新聞の広告で，面白い言葉を見つけました」と言って，一部分を隠して次のように提示する。

#［　　　　］がいるって最高だ

空欄に入る言葉を考えさせる。次のような言葉が出されるだろう。

・仲間
・友達
・親友

「仲間がいて最高だ，と思ったことがあるのかな？」などと切り返しながら，子どもたちの意見を受け止めていく。

ある程度意見が出たところで，「実は私が見つけたのは，こんな言葉でした」と言って，空欄に入る言葉は「ライバル」であることを知らせる。

ライバルはいたほうがいい？

全員で音読した後，発問する。

発問1 そう思いますか。

そう思えば○，そう思わなければ×を選ばせ理由を書かせる。

全員が○か×かを選んだところで，まずはグループで意見交流させる。その後，全体でどちらを選んだか聞き，少数派から意見を聞いていく。次のような考えが出されるだろう。

【×派】
・ライバルがいるとプレッシャーになって力を発揮できなくなるから。
・励まし合えるライバルならいいけど，嫌なことをしたり言ったりするようなライバルなら嫌だから。

【○派】
・ライバルがいたほうが，自分もがんばろうと思えるから。
・ライバルがいると，自分のモチベーションになって，やる気が出るから。
・有名なスポーツ選手のインタビューなどでいいライバルがいてよかったという話を聞いたことがあるから。

どんなライバルでもいいのかな？

それぞれの立場の意見を聞いたところで，「みんなの意見を聞きながら，疑問に思ったことがあります」と言って，次の発問をする。

発問２ **どんなライバルでもいたほうがいいのでしょうか。**

グループで話し合わせた後,「ライバルがいるって最高だ」と思っている子どもを中心に，意見を聞いていく。

・励まし合えるライバルならいてほしい。
・争うというより，一緒に成長できるライバルがいい。
・お互いを蹴落とすような関係のライバルなら，いないほうがいい。
・お互いによいプレッシャーになるならいいけど，プレッシャーになりすぎて力を発揮できないならいないほうがいい。

子どもたちの意見を聞きながら,「よいライバル」と「悪いライバル」を分けて板書する。

「ライバルがいるって最高だ」と思える学級

意見が出つくしたところで,「これから運動会（行事名）に向けての練習が始まりますね」と話して発問する。

発問３ **仲間と共に高め合える“よいライバル”になるために，これからどんなことを意識して練習していきたいですか。**

板書された「よいライバル」,「悪いライバル」を参考にさせて自分の考えを書かせ，授業を終える。

後日，学級通信等で子どもたちが書いた意見を紹介し，どんなことを意識するとよいのかを学級で共有する。

授業の活用場面	
○	A　朝の会・帰りの会
○	B　学年集会・全校朝会
○	C　行事の前後
○	D　複数の組み合わせ
○	E　１時間の道徳授業の導入・終末

【授業の流れ】

教材の提示	一部分を隠した言葉
教材の提示	全文を提示
発問１	そう思うか？
発表	○か×か
話し合い	グループ→全体
発問２	どんなライバルでもいたほうがいいか？
話し合い	グループ→全体
発問３	どんなことを意識して練習していきたいか？
書く	自分の考え
［５分でできる！］ 言葉を提示した後，発問１をして簡単に確認した後，発問２をする。	

教材発見・活用のコツ

朝日新聞と読売新聞の一面広告（2020年1月21日掲載）で発見した素材である。この言葉によって,“ライバル”という関係を肯定的にとらえさせることができると考え教材化した。運動会や合唱コンクールなどの行事前にこの授業を実施することによって，仲間と共に高め合えるよいライバルの関係を，子どもたち同士で築いていくきっかけになるだろう。

ライバルについて調べてみると，他にもさまざまな考え方・名言などが見つかる。それらの言葉も子どもたちと一緒に検討しながら，ライバルについての認識の変容を促していきたい。

（平井百合絵）

行事で成長しよう

3. 最もうまく協力できるようになる

ねらい 最もうまく協力できることが大切であることに気づき，まずは自分から協力していこうとする意識を高める。

小学校低学年
小学校中学年
小学校高学年
中学校

関連する主な内容項目 C よりよい学校生活，集団生活の充実

アンドリュー・カーネギーの言葉

授業開始と同時に，次の言葉を提示する（「協力」は空欄にする）。

> 他人と最もうまく協力できる人が最大の成功を収めることになる。

「これは，世界最大の鉄鋼会社をつくったアンドリュー・カーネギーの言葉です（顔写真を提示してもよい）」と言って，空欄の言葉を考えさせる。次のような考えが出されるだろう。

・コミュニケーション
・対話
・協力

おもしろい考えが出たら，その理由を問いかけながら受け止めていく。「協力」という言葉が入ることを知らせて発問する。

発問１ 最大の成功を収めることは簡単そうですね。

簡単だと思えば○，簡単ではないと思えば×を選ばせて理由を書かせる。ほとんどの子どもは×を選ぶだろう。

理由が書けたところで，発表させる。次のような考えが出されるだろう。

・「最もうまく協力できる」というのは簡単なことではないから。
・どうしたら「最もうまく協力できる」かわからないから。

「最もうまく協力できる」ようになるには？

×派の考えに共感しながら受け止めて，発問する。

発問２ どうしたら「最もうまく協力できる」ようになるのでしょうか。

一人一人に考えさせる。考えている途中で「こんなことを言っている人がいます」と言って，次の言葉を提示する。

> 自分から先に協力してあげれば，その人も自分に協力してくれるようになる。

「これは，成功するための哲学を提唱したナポレオン・ヒルの言葉です。この言葉もヒントにして考えてみましょう」と言ってさら

に考えさせた後，となり同士で交流させる。
次のような考えが出されるだろう。
・まずは自分が誰かに協力することによって，協力してもらえるようになる。
・誰かに協力を求める前に，自分が協力するとうまく協力できるようになる。

行事の成功に向けて

「いよいよ運動会（行事名）に向けての練習が始まります。成功させたいですか」と問いかける。ほとんどの子どもは「成功させたい」と答えるだろう。その思いを受け止めて発問する。

発問３ **あなたは，運動会を成功させるために，どんな場面で，どのような協力をしていきたいですか。**

一人一人に考えさせた後，グループで交流させる。グループの中で出された考えの中から，学級全体に伝えたいものをいくつか選ばせて発表させる。次のような考えが出されるだろう。
・自分の仕事じゃなくても，手伝えることがあれば，どんどん協力していきたい。
・励ますことも協力になると思うので，困っている人に声をかけていきたい。
・リーダーに協力して，みんながまとまるようにしていきたい。

それぞれの考えの素晴らしさを意味づけながら受け止め，「こんな協力ができたら，素晴らしい運動会になりそうですね」と言う。

最後に，アンドリュー・カーネギーとナポレオン・ヒルの言葉を音読させて授業を終える。

授業の活用場面	
○	A　朝の会・帰りの会
○	B　学年集会・全校朝会
○	C　行事の前後
○	D　複数の組み合わせ
○	E　１時間の道徳授業の導入・終末

【授業の流れ】

教材の提示	アンドリュー・カーネギーの言葉（一部を隠す）
発表	全体
発問１	最大の成功を収めることは簡単そうか？
発表	○か×か
発問２	どうしたら「最もうまく協力できる」ようになるか？
教材の提示	ナポレオン・ヒルの言葉
話し合い	個人→となり同士
発問３	運動会を成功させるために，どんな協力をするか？
話し合い	個人→グループ→全体

［５分でできる！］
１つめの言葉を提示した後，発問２を２つめの言葉をヒントに考えさせる。

教材発見・活用のコツ

行事などを成功させるためには，協力することが大切であることは，多くの子どもがわかっていることである。しかし，協力し合える関係をつくっていくことは簡単なことではない。

そこで，インターネットで紹介されていた２つの名言を活用して，まずは自分から協力していくことが大切であるという意識を高めたい。

授業後は，協力できたことや協力してもらったこと，そのときの気持ちなどを朝の会や帰りの会で発表させて，協力し合うことのよさを実感できるようにしていきたい。

（鈴木健二）

行事で成長しよう

4. 人ががんばれる言葉は

ねらい 人ががんばりたいと思えるような言葉をかけたいという気持ちを高める。

関連する主な内容項目　C よりよい学校生活，集団生活の充実

小学校低学年
小学校中学年
小学校高学年
中学校

どんな言葉が入る？

授業開始と同時に，広告を提示する（「ダメ」と「大丈夫」は空欄にしておく）。

東京海上日動広告「予告」篇より

空欄に入る言葉を考えさせる。次のような考えが出されるだろう。

【1行目の空欄】

・こまる　・ゆるさない

・大変だ

【2行目の空欄】

・いいんだよ　・しかたがない

・気にしない

どちらががんばれる？

考えが出つくしたところで「ダメ」と「大丈夫」であることを知らせ，発問する。

発問1 どちらががんばれると思いますか。

「ダメ」だと思えばA，「大丈夫」だと思えばBを選ばせ，理由を考えさせる。どちらかに挙手させて，少数派から発表させる。ほとんどの子どもはBを選ぶだろう。

次のような考えが出されるだろう。

【A派】

・ダメと言われたほうが気合いが入るから。

【B派】

・ダメと言われたら緊張してかえって失敗するから。

・大丈夫と言われたら安心してがんばれるから。

・ダメはきつい言い方になるから，いやな気持ちになってがんばれない。

全員がBを選んだ場合には，「大丈夫と言われたら気が緩んでがんばれないのではないですか」と問いかけ，考えを出させる。

がんばれる言葉は？

「いよいよ運動会（行事名）の練習が始まりますね」と言って発問する。

発問２　こう言われたらがんばれるという言葉には，どんなものがありますか。

「できるだけたくさん考えてみましょう」と言って，１人３つ以上書かせる。全員が書いたことを確認した後，グループで交流させる。出された言葉の中から３つ選ばせて短冊に書かせ，発表させる。

・失敗しても気にしないで。
・この前よりよくなったよ。
・頼りにしてるよ。
・手伝えることがあったら声をかけてね。
・あなたのがんばりを見ていたら勇気が出てきたよ。

短冊は，黒板に貼っていき，全部出されたところで，全員で読んでいく。言葉によっては，どんな言い方をするといいかについても考えさせていく。

子どもたちの声を受け止めて言う。

「みんなの言葉を聞いていると，先生もがんばれるような気がしてきました。こんな言葉が飛び交う学級になれば，素晴らしい運動会になりそうです」

最後に，自分が使っていきたい言葉を３つ選ばせ，「がんばれる言葉カード」に書かせて授業を終える。

がんばれる言葉カード

なまえ（　　　　）

1.（　　　　　　　　）

2.（　　　　　　　　）

3.（　　　　　　　　）

➡p.108 コラム １時間の道徳授業に発展

授業の活用場面	
○	A　朝の会・帰りの会
○	B　学年集会・全校朝会
○	C　行事の前後
○	D　複数の組み合わせ
○	E　１時間の道徳授業の導入・終末

【授業の流れ】

教材の提示	一部分言葉を隠したポスターの提示
教材の提示	空欄の言葉の提示
発問１	どちらががんばれると思うか？
話し合い	ＡかＢか
発問２	こう言われたらがんばれるという言葉には，どんなものがあるか？
話し合い	個人→グループ→全体
発表	短冊に書いて貼る。
書く	自分が使いたい言葉をカードに記入

［５分でできる！］
言葉を隠さずポスターをそのまま提示した後，発問１をする。

教材発見・活用のコツ

誰かを励まそうと思って発した言葉が，逆効果になっている場合がある。しかしそれに気づかないまま同じような言葉をかけてしまうこともある。そこで，この広告を活用して，かける言葉によって，がんばろうという気持ちに大きな違いが出てくることに気づかせていきたい。

授業後は，がんばりたいという気持ちになりそうな言葉を活用させることで，行事に向けてみんなで協力していこうとする雰囲気をつくっていきたい。

（鈴木健二）

コラム　1時間の道徳授業に発展

「4.人ががんばれる言葉は」(p.106〜107)の授業

新しい資料を提示

1時間の道徳授業に発展させる場合には，次のように展開していく。

発問２で，がんばれる言葉を短冊に書かせて黒板に貼った後，「同じ会社の広告に次のような言葉がありました」と言って板書する（「挑戦」を空欄にしておく）。

> **挑戦する人か，**
> **人の挑戦に**
> **あれこれ**
> **言う人か。**
>
> 東京海上日動広告「予告」篇より

空欄には同じ言葉が入ることを知らせて考えさせる。

次のような考えが出されるだろう。

・努力

・挑戦

考えが出されたところで「挑戦」であることを知らせ，発問する。

発問３　**「あれこれ」とは，たとえば，どんな言葉でしょうか。**

個人で考えさせた後，となり同士で交流させて発表させる。

・そんなことやったってどうせ無理だよ。

・また失敗したの？

「あれこれ」とは，挑戦している人に対する否定的な言葉であり，がんばれる言葉と正反対の言葉であることを確認して発問する。

発問４　**あなたは，どちらの人になりたいですか。**

全員が「挑戦する人」を選ぶだろう。「さすがですね」と共感的に受け止めて発問する。

「挑戦する人カード」「がんばれる言葉カード」にまとめる

発問５　**運動会（行事名）に向けて，どんなことに挑戦しますか。**

自分が挑戦したいことを，「挑戦する人カード」に書かせる。

何人かに発表させた後，「挑戦する人ががんばりたいと思える言葉が，この短冊には書かれていますね」と言って，短冊の言葉を全員で読んでいく。その後，期待の言葉を伝え，「がんばれる言葉カード」を書かせて授業を終える。

「挑戦する人カード」は，学級に掲示して，お互いの挑戦を応援し合えるようにしていく。

次の学年に向けてジャンプしよう

※新年が始まった3学期の中で第8章の小さな道徳授業案を実施し,次の学年への意欲を確かなものにさせていき,学級じまいに向かいましょう。

次の学年に向けてジャンプしよう

1．一歩ふみだす勇気

ねらい 一歩踏み出すことが成長につながることに気づき，「一歩ふみだす勇気」をもちたいという意識を高める。

小学校低学年
小学校中学年
小学校高学年
中学校

関連する主な内容項目 A 希望と勇気，努力と強い意志
（中学は，希望と勇気，克己と強い意志）

不思議な題名

『一歩ふみだす勇気』高橋惇 著
（スタブロブックス）

授業開始と同時に全員起立させて「一歩踏み出してみましょう」と言う。全員が一歩踏み出した後，「こんな本を見つけました」と言って，書名を提示する（本の表紙はまだ見せない）。

一歩ふみだす勇気

音読させた後，「今，みんな簡単に一歩踏み出すことができたのに，不思議な題名ですね」と挑発する。

子どもたちは「一歩の意味が違う！」などと口々に言うだろう。そこで，何名か指名して発表させる。次のような考えが出されるだろう。

・何かに挑戦するという意味の一歩だと思う。
・これまで何度か失敗していることにまた挑戦するという意味の一歩ではないか。

どんな一歩？

それぞれの考えを共感的に受け止めた後，本の表紙を提示する。表紙を見る時間をしばらくとった後，発問する。

発問１ 「一歩ふみだす勇気」の一歩とはどんな一歩なのでしょうか。

表紙のイラストや言葉などをヒントにとなり同士で話し合わせた後，発表させる。次のような考えが出されるだろう。

・何かに挑戦するための一歩
・挑戦するためのきっかけとなる一歩
・夢を見つけるための一歩
・自分に自信をもつための一歩
・誰かの役に立つための一歩

それぞれの考えを共感的に受け止めた後，「今の学年が終わるまで，あと○日（または○カ月）ですね」と言って発問する。

発問２ **この学年を振り返って，踏み出せなかった一歩がありますか。**

ほとんどの子どもは「ある」と答えるだろう。そこで，「どんな一歩を踏み出せなかったか」について発表できる子どもに発言させる。
・困っている友達を見たとき，声をかけられなかった。
・運動会のリーダーになりたかったけど，立候補できなかった。
・家族とけんかした後，自分から謝ることができなかった。
・目標を立てたけど，あきらめてしまった。

「一歩ふみだす勇気」を出すには？

それぞれの踏み出せなかった一歩を受け止め，これからも一歩踏み出せないままでいいか問いかける。多くの子どもはそのままではだめだと考えるだろう。そこで発問する。

発問３ **新しい学年に向けて「一歩ふみだす勇気」を出すには，どうしたらいいのでしょうか。**

一人一人に考えを書かせた後，グループで交流させる。グループで出された考えの中からいいなあと思うものを学級全体で発表させる。次のような考えが出されるだろう。
・一歩踏み出すことが成長につながると考えて勇気を出す。
・一歩踏み出さないと何も変わらないという自覚をもつ。

最後に，「今，一歩踏み出したいこと」を書かせて授業を終える。

➡p.118 コラム １時間の道徳授業に発展

授業の活用場面	
○	A　朝の会・帰りの会
○	B　学年集会・全校朝会
	C　行事の前後
○	D　複数の組み合わせ
○	E　１時間の道徳授業の導入・終末

【授業の流れ】

教材の提示	書名
教材の提示	表紙
発問１	「一歩ふみだす勇気」の一歩とはどんな一歩か？
話し合い	となり同士→全体
発問２	踏み出せなかった一歩があるか？
発表	全体
発問３	「一歩ふみだす勇気」を出すには？
話し合い	個人→グループ→全体
［５分でできる！］『一歩ふみだす勇気』の書名と表紙を提示して，発問１をする。	

教材発見・活用のコツ

本の表紙には，興味をひく書名と共に，内容に関わるさまざまな情報がイラストや言葉などで示されている。

この授業プランでは，まず題名だけを活用して興味をもたせた後，表紙全体を提示して題名の意味を子ども自身がとらえていくように工夫している。

この授業は，学年の終わりが近づきつつある時期に実施し，新学年に向けて「一歩ふみだす勇気」をもつことの大切さを意識させていくようにしたい。小さな一歩を踏み出した子どもがいれば紹介して意識を高めていきたい。

（鈴木健二）

次の学年に向けてジャンプしよう

2. ゴールは，進化する

ねらい 今の自分の到達状況を自覚させるとともに，もっとよくしようという自己の成長への意欲を高める。

小学校低学年
小学校中学年
小学校高学年
中学校

関連する主な内容項目　A 希望と勇気，努力と強い意志
（中学は，希望と勇気，克己と強い意志）

“GOA　L”？

授業開始と同時に広告を提示する（上下の文字は隠す）。

トヨタ自動車広告「もっとよくしよう。」
「ゴールは，進化する。」

「GOAL」のAとLが大きく離れている違和感やLを必死に押している人たちに着目した反応が子どもたちからあるだろう。そこで,「こんなことが書いてありました」と言って,言葉の部分を提示(「進化する。」は空欄) し,空欄に入る言葉を考えさせる。

次のような言葉が出されるだろう。

・自力でたどり着く。
・努力したらたどりつける。
・毎日の積み重ね。

など，Lを押す人の様子から連想した考えを発表する子がいるだろう。中には，

・延長する。
・変わることがある。

のように，AとLが離れていることから連想して考える子もいるだろう。出された考え一つ一つを面白がりながら肯定的に受け止めた後，空欄に入る言葉が「進化する。」であることを伝える。

「ゴールは，進化する。」とは

発問1 「ゴールは，進化する。」とは，どういうことでしょうか。

「ゴールに到達したら終わりじゃないの？」「最終地点がゴールなのでは？」と，ゆさぶりをかけるように問いかける。

自分の考えをまとめて書かせ，近くの子ども同士で考えの交流をさせる。その後，数人発表する時間を設ける。すると，次のような考えが出されるだろう。

・自分が変われば，ゴールも変わっていく。

・ゴールに一度到達した時点で，それまでの目標やそのためにやってきたことは終わりだけれど，また新しくスタートして，次のゴールができる。
・自分の成長は，一つのゴールで終わるわけではないから，ゴールは自分の成長に合わせてどんどん進化していく。
・一つ達成したら次の目標へとどんどんレベルアップするから，ゴールは進化する。

広告に，「もっとよくしよう。」と書かれていることに触れ，「みなさんは，ゴールに到達したときの現状にただ満足するのではなく，“もっとよくしよう”と考えることができるのですね」と言い，それぞれの考え方のよさについてコメントしながら発表を共感的に受け止めていく。

あなたのゴールは，進化できるか

発問２　あなたのゴールは，進化できそうですか。

まず，今の自分がゴールに近づいていなければ，「ゴールは，進化する」以前の問題である。その際は，今年度掲げた目標や個々の目標とつなげて「この１年を終えたときに，みなさんのゴールが進化できるように」と話し，現在の目標達成へと向けたラストスパートを促す。

最後に，「これだけできるようになったのだから，みなさんのゴールは進化しそうですね」「進化しない人はいませんよね」と子どものやる気に火をつけるように話し，さらに，「４月から，今よりもさらに進化したみなさんの姿が見られることを楽しみにしています」と言って授業を終える。

授業の活用場面	
○	A　朝の会・帰りの会
○	B　学年集会・全校朝会
	C　行事の前後
○	D　複数の組み合わせ
○	E　１時間の道徳授業の導入・終末

【授業の流れ】

教材の提示	「GOA　　L」部分
教材の提示	一部分を空欄にした言葉
発表	全体
発問１	「ゴールは，進化する。」とは，どういうことか？
話し合い	近くの子ども同士
発表	全体
教材の提示	「もっとよくしよう。」の言葉
発問２	あなたのゴールは，進化できそうか？
話し合い	到達状況の振り返り
［５分でできる！］ 広告の「GOA　　L」の部分，「ゴールは，進化する。」の言葉を段階的に提示した後，発問２をする。	

教材発見・活用のコツ

目標を達成したら終わり，この学年でがんばってきたことはここで終わり…ではなく，これまでの積み重ねを次の学年へのステップとして持続して生かしていくことができるように授業を構想した。

本授業の前に，１年間でできるようになったことや自己の成長についての振り返りをしておくと，この「ゴールは，進化する」の授業がより効果的になる。

年度の終わりに，“もっとよくしよう”を合言葉に次年度への抱負を発表させて，意識の持続を図った活動を取り入れるとよい。

（伊崎真弓）

次の学年に向けてジャンプしよう

3. 伸びない人は，いない

ねらい 成長する人とはどのような人なのかを考え，自分のこれからの成長に生かしていこうとする気持ちを高める。

関連する主な内容項目 A 個性の伸長（中学は，向上心，個性の伸長）

小学校低学年
小学校中学年
小学校高学年
中学校

伸びない人は，いない

授業開始と同時に「こんな言葉と出合いました」と言って，伸びない人は，いない。という言葉を提示する。そして，「身長のことを言っているのかな？と思いましたが，その後にこんな文章が書かれていました」と言って，続きの文を提示する。

伸びない人は，いない。

お前はダメだ。
その夢，あきらめた方がいい。
あなたのことをそんな風に決めつける権利は，
誰にもない。
あなたにもない。
なぜなら人は，
本気で成長したいと思っている限り，
たとえわずかずつでも成長しつづける生き物
だから。

2007年 東進ハイスクールポスターより

文章の中にある「本気で成長したい」と書かれている部分は隠して，全文を範読する。読み終えた後，空欄の言葉を考えさせる。

・できる！
・がんばろう！
・自分なら大丈夫！
・あきらめない！

など，成長するために必要な気持ちが何かを考えた意見が出されるだろう。子どもたちの意見を共感的に受け止めた後，「実はこんな言葉が書かれていました」と言って，「本気で成長したい」という言葉を提示する。

思っていれば，いいのだろうか？

全文提示したところで，次の発問をする。

発問1 「本気で成長したい」と思っていれば，成長し続けるのでしょうか。

成長し続けると思えば○，そうではないと思えば×を選ばせ，理由も書かせる。ある程度理由が書けていることを確認した後，少数派から意見を聞く。

【○派】
・本気で成長したいと，まずは思うことが大事。思わなければ成長しないから。
・本気で成長したい，と思っていれば，いつの間にか成長につながる行動をしていると思うから。

【×派】

・本気で成長したいと思っているだけでは，成長しない。成長するためにどんな行動をするかが大切。
・本気で成長したいと思っているだけで成長するなら，みんな成長する。本気で成長したいと思っている人は，きっと何か行動に移していると思う。

発問１の議論の中で，「本気で成長したいと思っている人はどんな行動をしているの？」「今の○○さんの意見に対して，賛成？反対？」というように，子どもたちの意見を他の子どもたちに問いかける。そして，本気で成長したいと思っている人はどんな人なのか，そんな人が周りにいるのかについて，話し合わせる。

成長する人になるために

ある程度意見が出つくしたところで，「先生はこのクラスに『伸びない人は，いない』と思っています。新しい年が始まり，いよいよ次の学年に向けてジャンプするときが近づいてきます」と言って，発問する。

発問２　この言葉を，これからどのように生かしていきたいですか。

次のような考えが出されるだろう。

・苦しいときにこの言葉を思い出して一歩ずつ進んでいきたい。
・あきらめたい気持ちになったときに「本気で成長したいと思っているのか」自分に問いかけたい。

出された考えも参考にしながら，自分の考えをまとめさせ，授業を終える。

	授業の活用場面
○	A　朝の会・帰りの会
○	B　学年集会・全校朝会
	C　行事の前後
○	D　複数の組み合わせ
○	E　１時間の道徳授業の導入・終末

【授業の流れ】

教材の提示	ポスターの言葉を一部隠して提示
発表	全体
教材の提示	文章全体を提示
発問１	「本気で成長したい」と思えば，成長し続けるか？
発表	○か×か
話し合い	全体
発問２	どんなときに生かしたいか？
書く	自分の考え

［５分でできる！］
ポスターの言葉を全文提示した後，発問１をして成長する人とはどのような人なのかを議論させる。

教材発見・活用のコツ

新年を迎え，「今年はこんなことをがんばりたい」「次の学年に向けてしっかり準備していきたい」と，新たに目標を立てる子どもたちも多いだろう。そんな子どもたちの背中を押すような言葉である。しかし，この言葉をそのまま伝えるだけでは，子どもたちの認識は変わらない。

そこで，「本気で成長したいと思っている限り…」という部分を取り上げ，「本当にそうなのか」という批判的な思考をすることで，成長する人は「本気で成長したい」と思うだけでなく，行動に移している人だということに気づかせたい。

（平井百合絵）

次の学年に向けてジャンプしよう

4. 挑戦で心をプラスに

ねらい 何かに挑戦するよさに気づき，新しい学年に向けて，何かに挑戦していきたいという意欲を高める。

関連する主な内容項目　A 希望と勇気，努力と強い意志
(中学は，希望と勇気，克己と強い意志)

小学校低学年
小学校中学年
小学校高学年
中学校

80才のおばあさんの挑戦

授業開始と同時に，次の話を提示する（おばあさんの答えは空欄にしておく）。

> 78才で専門学校に入って国家資格を目指した人に対して，孫が，
> 「おばあちゃん，卒業するとき80才だよ？今さら学校に行ってどうするの？」
> と言いました。するとおばあさんは，
> 「でも，何もしなくても80才にはなっちゃうんだよ」
> と答えて，専門学校に入ったそうです。
>
> 『自己肯定感を育てるたった1つの習慣』
> 植西聰 著（青春出版社）より

発問1 おばあさんは，何と答えたと思いますか。

何人か指名して発表させる。
・何才になっても勉強することが大切なんだ。
・新しい仕事に挑戦してみたいんだ。
・勉強してぼけないようにしたいんだ。

それぞれの考えを受け止めた後，空欄にしていたおばあさんの言葉を提示する。

挑戦が心をプラスにする

この話を紹介している心理カウンセラーの植西さんは，次のように言っています。

> ①
> 「何かに挑戦する」が心をプラスにする
> 前掲書より

音読させた後，発問する。

発問2 どういう意味でしょうか。

一人一人に考えさせた後，となり同士で交流させて発表させる。
・何かに挑戦しようとすると，やる気がわいてきて心がわくわくするということ。
・何かに挑戦すると，失敗するこわさもあるけど，それも含めて楽しむことができるということ。

それぞれの考えを共感的に受け止めた後，「植西さんはこう言っています」と言って，次の言葉を提示する。

> ②
> 挑戦すること自体が，心を喜ばせるのです。
> 前掲書より

音読させた後,「結果に関係なく，挑戦することが，大切なんですね」と言う。

心をプラスにした挑戦は？

「今の学年も残り少なくなってきていますね」と言って発問する。

発問３　今の学年を振り返って，こんな挑戦が，心をプラスにしたという経験がありますか。

「ある」という子どもを何人か指名して発表させる。

・応援団のリーダーに挑戦して大変だったけど，心をプラスにしたと思う。
・○○係で，新しい企画に挑戦したら，みんなが協力してくれて，心がプラスになった。
・毎日家の手伝いをすると決めて挑戦したら家族の苦労を感じることができて，心をプラスにしたと思う。

教師自身も，挑戦が心をプラスにした経験を話し，挑戦することのよさに共感する。

「新しい学年に向けて，こんな挑戦をしてみたいということを考えてみましょう」と言って下の「挑戦カード」に書かせ，グループで交流させて，授業を終える。

挑戦で心をプラスに
新しい学年に向けて挑戦しよう！
なまえ（　　　　　）

(1)
(2)
(3)

授業の活用場面	
○	A　朝の会・帰りの会
○	B　学年集会・全校朝会
	C　行事の前後
○	D　複数の組み合わせ
○	E　１時間の道徳授業の導入・終末

【授業の流れ】

教材の提示	おばあさんの話
発問１	何と答えたか？
発表	全体
教材の提示	植西さんの言葉①
発問２	どういう意味か？
話し合い	個人→となり同士→全体
教材の提示	植西さんの言葉②
発問３	こんな挑戦が心をプラスにしたという経験は？
発表	全体

［５分でできる！］
おばあさんの答えを予想させた後，植西さんの言葉①を提示する。発問２をした後，植西さんの言葉②を提示する。

教材発見・活用のコツ

心理学関係の書籍には，自分の心と向き合うためのヒントが満載されている。それらの知見を活用することによって，子どもたちに生き方のヒントを示すことができる。この授業プランでは，下の書籍を活用した。

「挑戦カード」は，学級に掲示して，子ども同士で励まし合えるようにしていく。学年の修了までに，新たに挑戦し始めたことを発表する時間を何度か設定し，次年度への意欲を高めていきたい。

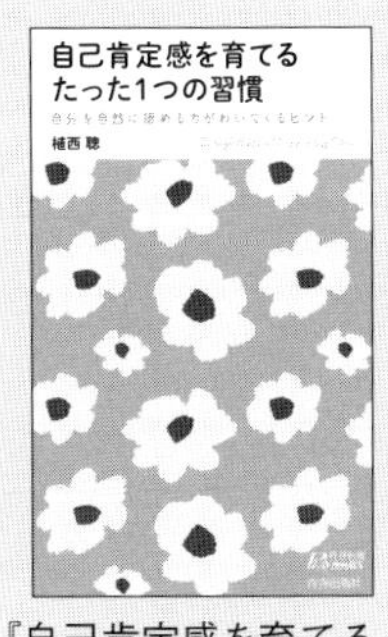

『自己肯定感を育てるたった１つの習慣』
植西聰 著（青春出版社）

（鈴木健二）

コラム 1時間の道徳授業に発展

「1.一歩ふみだす勇気」(p.110~111)の授業

1時間の道徳授業に発展させる場合には，発問2の後，次のように展開していく。

発問A **一歩踏みだしても，必ずうまくいくわけではありません。それでも「一歩ふみだす勇気」をもったほうがいいですか。**

いいと思えば○，思わなければ×を選ばせて，理由を書かせる。

多くの子どもは，次のような理由で○を選ぶだろう。

・一歩踏み出さないといつまでも変われないから。
・うまくいかなくても，何か学べることがあり，それが次につながっていくかもしれないから。
・失敗したとしても成長につながっていくはずだから。

理由を受け止めた後，「この本を書いた高橋さんは，一歩ふみだすことによって，3つの宝物を得たと言っています」と言って，次の3つを提示する。

宝物1 人との出会い（出会った人は全員，自分にとっての“先生”）
宝物2 経験値（実際にやってみてわかったこと）
宝物3 知恵（工夫する力）

『一歩ふみだす勇気』高橋惇 著 （スタブロブックス）より

音読させた後，発問する。

発問B **なぜこの3つの宝物を得ることができたのでしょうか。となり同士で説明してみましょう。**

となり同士で交流させた後，子どもたちなりのとらえ方を発表させた後，発問3をする。ここでは，高橋さんが得た3つの宝物も参考にさせて話し合わせる。

考えを出させた後，「高橋さんは，“一歩ふみだす勇気”について次のようなことも言っています」と言って，言葉を紹介する。

失敗しても，“何もしない”より得られるものがはるかに多い。

上掲書より

最後に，学びを書かせて授業を終える。

新しい道徳授業づくり研究会（SDK）ご案内

研究会代表　**鈴木健二**　愛知教育大学大学院教育学研究科特別教授

研究会の趣旨

研究会では，次の３つの視点で道徳授業づくりに取り組んでいます。

視点１：小さな道徳授業づくり
視点２：教科書教材を生かす道徳授業づくり
視点３：新たに開発した教材を活用した道徳授業づくり

３つの視点の根底にあるのは，認識の変容を促す道徳授業をどうつくるかという問題意識です。認識の変容を促すことができなければ，子どもの言動は変わりません。

「友情とはそういうことだったのか」
「そのような思いやりもあるのか」

このような学びが生まれるような道徳授業づくりに取り組みたい。

本研究会では，上記の考え方に基づき，３つの視点から，さまざまな道徳授業のプランや実践の成果等を発信しています。本書『５分でできる 小さな道徳授業』シリーズもその成果の一つです。

趣旨に賛同する教師の参加に期待します。

研究会の活動

本研究会では，偶数月に１回程，会員と一緒に道徳授業づくりの力量を高めるために『SDK会員特別定例会』を開催しています。定例会は，参加者が持参した道徳の授業記録（またはプラン）をもとに議論し合います。

またネット環境を利用して，会員限定ですが「小さな道徳授業」ゼミを開催しています。

毎年夏には愛知で『SDK全国大会』を開催しています。『SDK全国大会』は，SDK会員だけでなく，一般の方も参加できます。定例会と同様，道徳授業づくりの力量を高めることができます。

興味のある方は，事務局（下記アドレス）までお問い合わせください。

SDKのWebサイト　http://sdk-aichi-since2019.com/

SDK事務局のメールアドレス　sdk.aichi.since2019@gmail.com

[編著者紹介]

鈴木健二（すずき　けんじ）
愛知教育大学大学院非常勤講師

宮崎県生まれ。公立小学校教諭，指導主事，校長，愛知教育大学教授等を経て，現職。大学院では，道徳教育，学級経営等の授業を担当し，質の高い授業づくり，学級づくりの実践的研究を進めている。子どもが考えたくなる，実践したくなる道徳授業づくりに定評があり，全国各地の教育委員会や小中学校に招かれて，講演会等を行っている。
2019年４月に立ち上げた「新しい道徳授業づくり研究会（SDK）」（http://sdk-aichi-since2019.com/）には，北海道から九州まで数多くの教師が参加しており，日々意欲的な道徳授業づくりに取り組んでいる。
主な研究内容は，「認識の変容を促す道徳教材の開発」「授業の質を高める教科書研究」「子どもと教師の成長を促す学年経営・学校経営」など。
主著に，『社会科指導案づくりの上達法』『ノンフィクションの授業』『授業総合診療医 ドクター鈴木の新人教師の授業診断』（以上，明治図書），『道徳授業をおもしろくする！』（教育出版），『道徳授業づくり上達 10 の技法』『教師力を高める――授業づくりの基礎となる 20 の視点』『必ず成功する！新展開の道徳授業』『思考のスイッチを入れる　授業の基礎･基本』『新しい道徳授業の基礎･基本』『中学校道徳 ワンランク上の教科書活用術』『学級経営に生きる ５分でできる 小さな道徳授業』第１～３巻（以上，日本標準）など。そのほか，編著書，雑誌論文等多数。
メールアドレス：kenchan4172@gmail.com

[執筆者一覧]（五十音順）

新しい道徳授業づくり研究会

猪飼博子　愛知県あま市立甚目寺南小学校
伊﨑真弓　三重県亀山市立神辺小学校
平井百合絵　愛知県豊川市立桜木小学校
古橋功嗣　愛知県刈谷市立刈谷南中学校
堀内遥香　愛知県豊田市立浄水北小学校

（所属は 2024 年１月現在）

学級経営に生きる
５分でできる 小さな道徳授業 2

2021年９月１日　第１刷発行
2024年２月15日　第２刷発行

編著者　鈴木健二
著　者　新しい道徳授業づくり研究会
発行者　河野晋三
発行所　株式会社 日本標準
〒350-1221　埼玉県日高市下大谷沢91-5
電話　04-2935-4671
FAX　050-3737-8750
URL https://www.nipponhyojun.co.jp/
印刷・製本　株式会社 リーブルテック

ISBN978-4-8208-0712-4